Ekkehard Stier

Kommt her zur Krippe

Szenen und Figuren für ein weihnachtliches Schattenspiel

calwer materialien

Inhalt

1. Einführung

2. Spieltexte

3. Figuren

ISBN 3–7668–3799–0

Umschlaggestaltung: ES Typo-Graphic, Stuttgart
Satz: Schreibservice Nagel, Reutlingen
Gesamtherstellung: Gutmann + Co., 74388 Talheim

Internet: www.calwer.com
E-Mail: info@calwer.com

Das Schattenkrippenspiel

Alle Jahre wieder ... stehen viele kirchliche Mitarbeiter am Ende des Kirchenjahres vor der Herausforderung ein Krippenspiel für die Christvesper oder die Adventsfeier zu finden. Die Hauptschwierigkeit liegt vor allem darin, die allen bekannte Weihnachtsgeschichte in neuem Gewand zu erzählen – und zwar mit einem Krippenspiel, das der eigenen Situation vor Ort angepasst ist. Im vorliegenden Heft finden Sie ein Schattenkrippenspiel.
Das Schattenkrippenspiel hat verschiedene Vorteile:

1. Es kann mit kleinster Besetzung (2 Personen), aber auch mit größerer Besetzung (etwa 20 Personen) vom Grundschulalter an gespielt werden.
2. Keine der agierenden Personen *muss* den Text auswendig lernen.
3. Das Schattenspiel ist auch in Kirchen mit schwieriger Akustik spielbar, in denen man Kinder sonst nur sehr mühsam versteht, eine vorhandene Verstärkeranlage kann gut genutzt werden.
4. Der Platzaufwand ist relativ gering.
5. Für viele Gemeinden und Kindergruppen ist das Schattenspiel etwas Neues.
6. Beim Schattenspiel können Kinder ab dem Grundschulalter oder Erwachsene mitspielen. Sie können aber auch gut und gleichwertig zusammen spielen.
7. Sprecher/innen und Spieler/innen können zunächst auch getrennt üben. Außerdem muss das Spiel nicht unbedingt gleich in der kalten Kirche geprobt, sondern kann auch im warmen Gemeindesaal einstudiert werden.
8. Zusätzlich zu diesem Schattenspiel kann als Erinnerung, als Weihnachts- oder Mitarbeitergeschenk eine Erzähllampe verschenkt werden, auf welcher zentrale Motive des Schattenspiels abgebildet sind.

Um die Arbeit mit dem Schattenspiel zu vereinfachen, ist in diesem Heft alles zusammengefasst, was benötigt wird: Die Anleitung zum Bau einer Schattenbühne ebenso wie die Vorlagen für die Schattenfiguren, die Erzähllampe oder die Textvorlagen für ein komplettes Krippenspiel.
Die Krippenspiele sind mehrfach und auf unterschiedliche Weise in der Praxis erprobt worden und die Erfahrungen sind in das vorliegende Buch eingeflossen.

Zum Gebrauch der Schattenfiguren

■ Die Schattenfiguren liegen im A4-Format vor. Dieses Format dürfte für die meisten Kirchen ausreichen. Man sollte aber ausprobieren, ob die Figuren von den hinteren Bankreihen einer großen Kirche noch gut zu erkennen sind. Dazu ist es sinnvoll, erst einmal ein oder zwei Figuren probehalber auszuschneiden und ihren *Schatten* (!) zu testen. Die Papierfiguren an sich werden weniger wahrgenommen als die schwarzen Schatten auf einem leuchtend weißen Untergrund. Sollten die Schatten der A4-Figuren nicht ausreichend groß sein, müssen die Schattenfiguren entsprechend vergrößert werden. Sie sollten aber auch nicht zu groß gemacht werden, sonst muss auch die Schattenbühne entsprechend vergrößert werden. Einige wenige Figuren sind zweigeteilt und mit einem Kleberand versehen, um die beiden Hälften überlappend zusammenzukleben. Eine Strichellinie gibt an, wie weit sie überlappt werden. (Abbildung 1).

Abb. 1

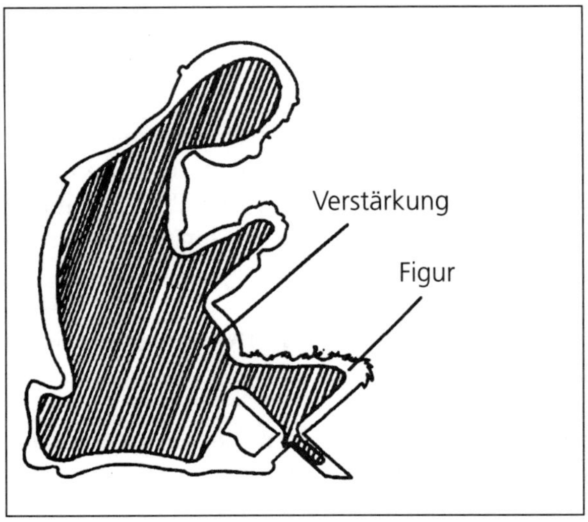

Abb. 2

■ Es empfiehlt sich, die ausgeschnittenen Figuren auf Papier von 120–160g zu kopieren und sie dann noch einmal mit Pappe zu verstärken. Kinder spielen erfahrungsgemäß gerne mit den Figuren herum und testen sie aus. Aus diesem Grund kann es passieren, dass die Figuren nach häufigem Proben zerknickt werden, was natürlich auch im Schatten zu Verzerrungen führt. Die Figuren müssen aber nicht vollkommen auf Pappe gezogen werden. Sie lassen sich sonst sehr schwer ausschneiden. Es reicht, wenn in sehr grober Form noch einmal die Kontur der Figur ausgeschnitten wird, und diese dann auf die ausgeschnittene Figur geklebt wird (Abbildung 2).

■ Die Schattenfiguren müssen zum Spielen an Leisten befestigt werden. Als Leisten eignen sich besonders Vierkantstäbe aus Holz mit einer Stärke von etwa 8 x 4 Millimetern. Sie sind in jedem Baumarkt erhältlich. Die Stäbe sollten je etwa 30–35 cm lang sein. Sie werden an den gekennzeichneten Stellen auf der Schattenfigur befestigt. Die Befestigung kann mit Kleber, Klebestreifen oder einem Tacker geschehen. Beim Tackern muss man allerdings aufpassen, dass die Klammern etwas schräg zur Holzmaserung eingeschossen werden, da sich sonst die Leiste leicht aufspaltet.

■ Auf jeder Schattenfigur sind folgende Angaben zu finden (Abbildung 3):

- Die Pünktchenlinie (a) gibt an, wo der Stab zum Anfassen und Spielen angebracht werden muss.
- Außerdem ist auf jeder Schattenfigur eine Angabe, für welche Szene sie gedacht ist (b); beispielsweise B/1. Das »B« steht für das Krippenspiel mit den Weisen aus dem Morgenland, die »1« für die 1. Szene.
- Zusätzlich hat jede Figur noch ihre eigene Personenbezeichnung (c); in diesem Beispiel: 2. Sterndeuter/Caspar.

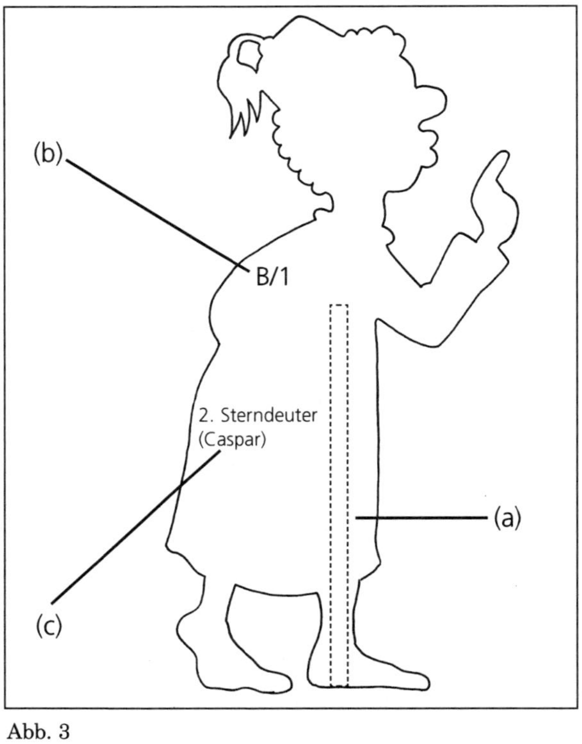

Abb. 3

■ Es sollte überlegt werden, wer die Figuren ausschneidet. Wird Wert darauf gelegt, dass Kinder alles selber machen, dann muss damit gerechnet werden, dass dem Engagement der Kinder manche Feinheit der Konturen zum Opfer fällt, da erfahrungsgemäß nur wenige Kinder wirklich sauber ausschneiden.
Wird Wert auf die Feinheit der Konturen gelegt, empfiehlt es sich, geübte Ausschneider um Hilfe zu bitten. Diese finden sich bestimmt unter den Eltern, im Gesprächskreis, der Frauenhilfe-Gruppe, … Es empfiehlt sich aufgrund der Vielzahl von Schattenfiguren mehrere Leute anzusprechen, die beim Ausschneiden helfen. Die Frage, welche Figuren ausgeschnitten werden, orientiert sich natürlich an der Entscheidung, welches Krippenspiel aufgeführt wird.

■ **Hinweis:** Mit den Figuren kann man auch ohne Schattenbühne auf dem Overheadprojektor spielen. Dazu müssen die Figuren entsprechend verkleinert (auf ca. 7 cm) und ausgeschnitten werden.
Als Spielstäbe eignen sich Schaschlikstäbe. Nachthimmel und Stall müssen auf Folie kopiert werden. Das Spiel auf dem Overheadprojektor eignet sich, wenn man nur zu zweit ist (1 Spieler, ein Erzähler). Ein Vorteil liegt darin, dass man keine Schattenbühne braucht und die Figuren schnell einsetzbar sind. Die Nachteile liegen zum einen darin, dass nur ein, höchstens zwei Akteure am Projektor spielen können, zum anderen darin, dass die Figuren sehr sorgsam und genau ausgeschnitten werden müssen, da sonst jede kleine Ungenauigkeit deutlich zu sehen ist.

Zusätzliche Schattenfiguren

Neben den Stab-Schattenfiguren gibt es noch einen Sternenhimmel, einen Stall und 2 Häuser. Diese werden ausgeschnitten und auf den Overheadprojektor gelegt. Der Vorteil ist, dass auf diese Art und Weise nicht mit großen Kulissen hantiert werden muss. Sie müssen allerdings so ausgerichtet werden, dass ihre Schatten auf die Stelle der Leinwand fallen, an die sie gehören.
Wer keinen Overheadprojektor zur Verfügung hat, sondern nur einen Diaprojektor, muss sich diese Kulissen aus Pappe eines Kartons schneiden.
Vom Prinzip her ist es möglich, mit einer Folie, die auf den Projektor gelegt wird, eine Kulisse (z. B. eine Landschaft) auf die Leinwand zu zaubern. Es ist aber zu überlegen, ob die Kulisse notwendig ist, oder ob sie zu sehr ablenkt oder verwirrt.

Bau einer Schattenbühne

Eine Schattenbühne ist schnell und ohne große Mühe gebaut. Man kann einfach eine Schnur quer durch den Raum ziehen und ein Laken daran festklammern. Zusätzlich wird ein Tisch auf die Seite gelegt oder ein paar neben einander gestellte Stühle mit einer dunklen Decke behängt, hinter welcher die Spieler sitzen (vgl. Abbildung 4).
Wer ein großes Kasperle-Theater zur Verfügung hat, kann auch dieses nutzen. Es sollte aber mindestens 1,5 m breit sein, damit 3 Spieler genügend Platz dahinter zum Spielen haben. Wer die Möglichkeit hat, kann sich auch selbst eine solide Schattenbühne bauen. Die hier beschriebene Schattenbühne ist in der Praxis für die Praxis entstanden und hat verschiedene Vorzüge:
Einmal hergestellt, kann sie in 15 Minuten ohne Werkzeug auf- oder abgebaut werden.
Sie ist robust, nimmt wenig Platz weg und ist gut transportabel.
Sie gibt den Spielern die Möglichkeit, die Schattenfiguren festzuklammern, wenn die Arme anfangen sollten, lahm zu werden. Und die Bühne lässt sich auch als Puppenbühne nutzen, wirkt optisch entscheidend besser als ein aufgehängtes Laken und ist nicht so instabil.

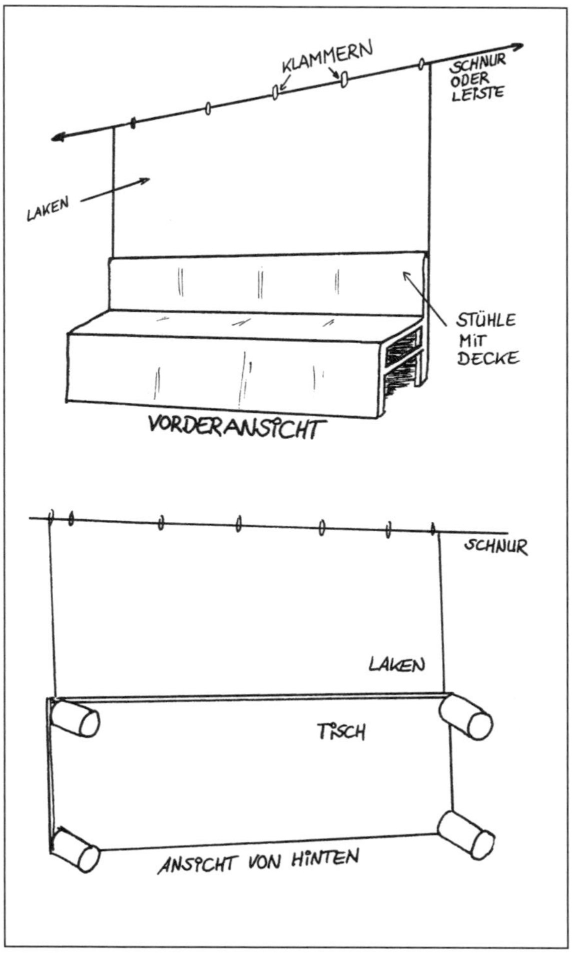

Abb. 4

Vermutlich gibt es in jeder Gemeinde jemanden, der geschickt ist und den man bitten kann, eine solche Schattenbühne zu bauen. Das benötigte Material gibt es im Baumarkt für ca. 50 €.
Die eigentliche ›handwerkliche Herausforderung‹ besteht in der Herstellung der beiden Fußteile (Abb. 5). Dazu werden die beiden senkrechten Leisten (H) auf der unteren Fußleiste (F) verleimt und entweder verdübelt oder verschraubt. Der Abstand zwischen den beiden senkrechten Leisten ist abhängig von der Plattenstärke der Sperrholzplatte (C) und der Rahmenleiste (A); **siehe dazu Abb. 6**! Es empfiehlt sich 1 mm zusätzlich Luft zu lassen. Die beiden Stützleisten zur Stabilisierung (G) müssen an beiden Enden eine Gehrung von etwa 45° haben. Sie werden verleimt und verschraubt. Hierbei empfiehlt es sich, die Leisten dünn vorzubohren, damit sie sich nicht aufspalten. Um der ganzen Konstruktion noch zusätzlichen Halt zu verschaffen sowie einen seitlichen Anschlag für die Rahmenleiste (A) und die Sperrholzplatte (C) zu haben, werden die beiden senkrechten Leisten im oberen Bereich mit einem Flacheisen (I) verschraubt. (Es kann als Anschlag zusätzlich noch je 1 Flacheisen im unteren Bereich angeschraubt werden, das ist aber nicht unbedingt notwendig.)

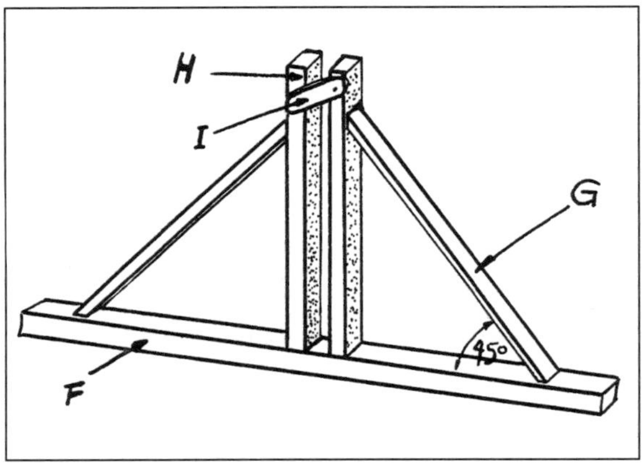

Abb. 5

Sind die Fußteile fertig, werden die seitlichen Rahmenleisten (A) und die Platte (C) hineingestellt und ausgerichtet und dann gebohrt. Diese Methode ist am genauesten und erspart den Frust, dass die Bohrlöcher der einzelnen Teile nicht übereinstimmen. Die Bohrungen sollten 1 mm größer sein als der Schraubendurchmesser, dann sind die Schrauben später leichter durch die Löcher zu führen. Gebohrt wird von der Oberkante der Fußleiste (F) aus in die Höhe gemessen bei 8 cm für die Befestigungsschraube (S3), bei 45 cm (ebenfalls für eine Befestigungsschraube; sodann bei 55 cm für die Halteleiste für »geparkte« Schattenfiguren (E) und bei 115 cm für die Halteleiste für gerade benötigte Schattenfiguren (E). (Siehe Abbildung 6.) Die letzten Bohrungen erfolgen in 207 cm Höhe, um die obere (B) und die seitlichen Rahmenleisten (A) zu verschrauben.
Die beiden Halteleisten (E) werden hergestellt, indem man Holzklammern in gleiche Richtung und in einem Abstand von etwa 2,5–3 cm auf die Leiste klebt. Es passen etwa 16 Klammern auf eine Leiste.
Die obere und die seitlichen Rahmenleisten werden an ihren Enden geplattet (Abb.7), damit sie stabiler ineinander greifen und nicht überstehen.
Die Leiste (D) dient dazu, das Baumwoll- oder Leinentuch (K) mit Pinnnadeln festzupinnen. Sie wird in der Mitte der Sperrholzplatte (C) und bündig mit ihrer Oberkante auf die Platte aufgeleimt.
Damit die Bühne schnell und ohne Werkzeug auf- und abgebaut werden kann, werden Schlossschrauben und Flügelmuttern verwendet. Unter die Flügelmuttern kommt je eine Unterlegscheibe, damit sich die Muttern nicht zu sehr ins Holz eindrehen.
Das Baumwoll- oder Leinentuch (K), das als Bildschirm dient, kann beispielsweise aus einem Laken, einem Bettbezug oder einer weißen Tischdecke hergestellt werden. Die Kanten sollten gesäumt sein, damit das Tuch nicht ausfranst.
Befestigt wird das Tuch mit Pinnnadeln, die in den Holzrahmen gedrückt werden.

■ **Hinweis:** Soll die Schattenbühne häufiger mit einem PKW transportiert werden, kann die Sperrholzplatte (C) in halber Höhe durchgesägt werden. Man benötigt zwar noch einmal 4 Schrauben mit Muttern und Flügelmuttern, um die Platten zu befestigen, aber die Bühne an sich wird wesentlich handlicher und besser transportabel. Ansonsten hat sich für den Transport der Platte bestens ein Dachgepäckträger bewährt.
Es hat sich auch gezeigt, dass es gut ist, die einzelnen Teile zu beschriften; z. B. mit links und rechts, weil die entsprechenden Bohrungen auf beiden Seiten nie zu 100 Prozent gleich sind. Mit einer Beschriftung erspart man sich von daher beim Aufbau unnötiges Ausprobieren und Suchen.

Aufbau der Schattenbühne

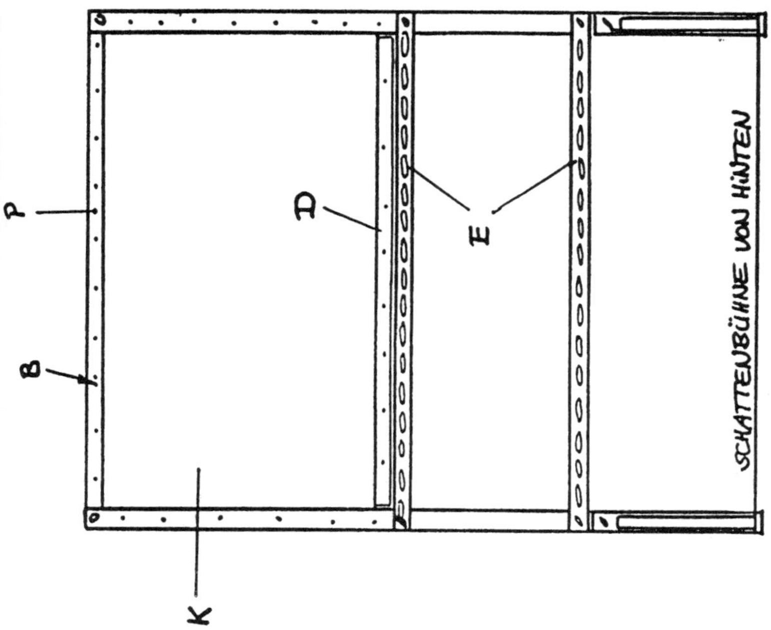

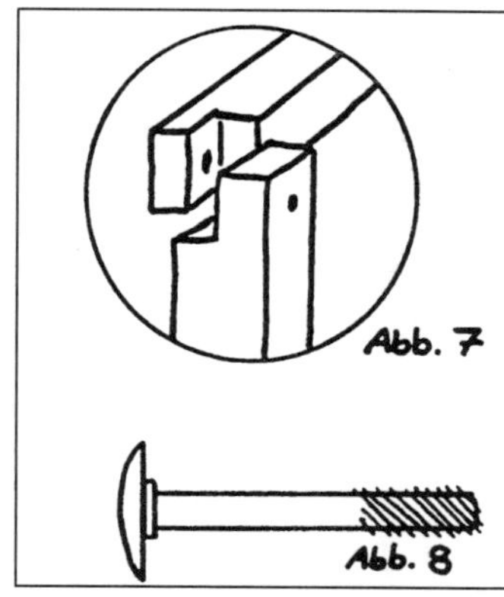

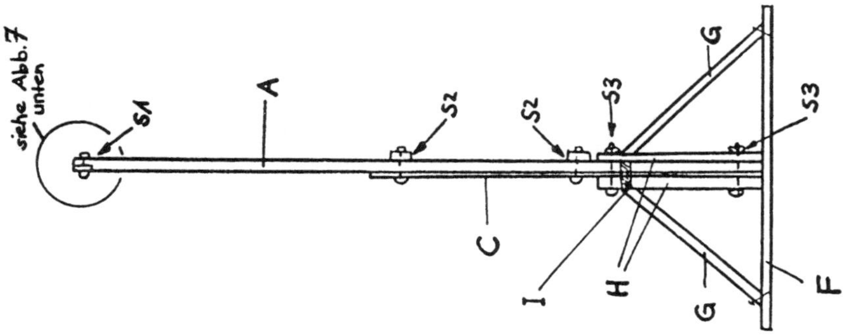

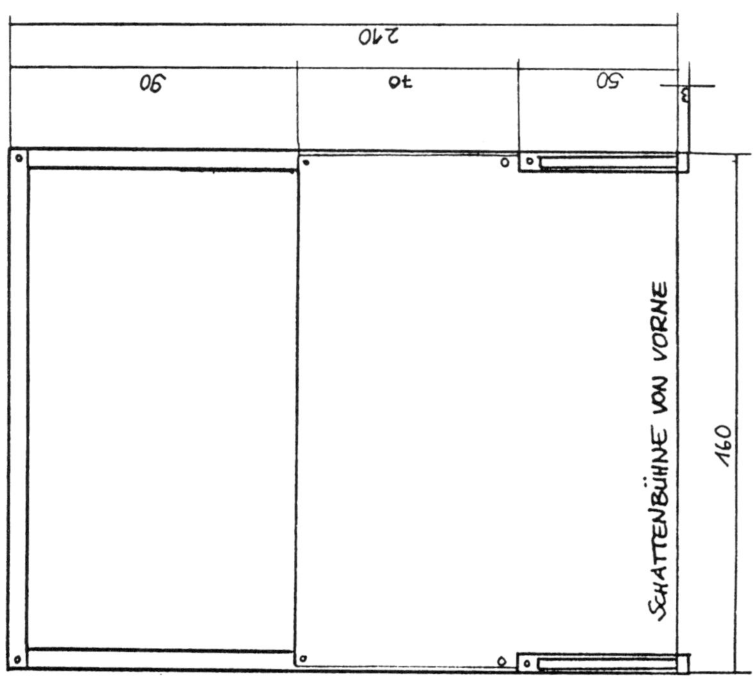

A	seitliche Rahmenleiste	2x	Leiste: 2100x60x30 mm
B	obere Rahmenleiste	1x	Leiste: 1600x60x30 mm
C	Frontplatte	1x	Sperrholzplatte: 1600x1200x6 mm
D	Befestigungsleiste für Pinnnadeln	1x	Leiste: 1470x30x18 mm
E	Halteleisten für Figuren	2x	Leiste: 1600x30x18 mm mit je 16 Holzklammern
F	Fußleiste	2x	Leiste: 1050x60x30 mm
G	Stabilisierungsleisten f. das Fußteil	4x	Leiste: 600x40x18 mm
H	senkrechte Leisten	4x	Leiste: 500x60x30 mm
I	Anschlag	2x	Flacheisen 100 mm mit 2 Bohrungen
K	Bildfläche	1x	Baumwoll- oder Leinentuch (Laken) 1560x930 mm
S1	Schlossschraube M5	2x	40x5 mm mit Unterlegscheibe und Flügelmutter
S2	Schlossschraube M5	4x	70x5 mm mit Unterlegscheibe und Flügelmutter
S3	Schlossschraube M5	4x	100x5 mm mit Unterlegscheibe und Flügelmutter
P	Befestigung der Bildfläche	30x	Pinnnadeln

Abb. 6

Vorderansicht einer fertigen Schattenbühne

Rückansicht einer fertigen Schattenbühne

Was benötigt wird

Spielszene

a) *Zur Herstellung der Schattenfiguren*
Ein *Kopierer* und *Kopierpapier* wird benötigt. Beim Kopierpapier sollte man stärkeres als das normale Kopierpapier von 80g/m^2 verwenden. Dazu sollte nachgelesen oder ausprobiert werden, bis zu welcher Blattstärke man im Einzelblatteinzug kopieren kann. Für die meisten Kopierer sind Blattstärken von etwa 120g/m^2 bis 160g/m^2 kein unüberwindliches Problem.
Außerdem wird *Karton* und ein *Klebestift* zum Verstärken der Figuren benötigt.
Daneben ist eine *Schere* (für viele Figuren eignet sich auch ein Bastelmesser) zum Ausschneiden der Schattenfiguren erforderlich und so viele *Holzleisten* (ca. 350 x 8 x 4 mm), wie Figuren verwendet werden. Für die Engel-Figur wird ggf. ein längerer Stab benötigt, wenn er nicht ebenerdig stehen soll. Darüber hinaus werden *Klebestreifen und Kleber* oder ein Tacker zum Befestigen der Figuren an den Handstäben gebraucht.
Für die Zügel des Kamels der Szene B/2 ist ein etwa 25 cm langer *Wollfaden* erforderlich.

b) *Zur Vorbereitung und Aufführung des Schattenspiels*
Es wird eine *Schattenbühne* benötigt. (Vielleicht gibt es die Möglichkeit, sich eine Schattenbühne im Kirchenbezirk gegenseitig auszuborgen.) Benötigt wird außerdem ein *Overheadprojektor*, der in etwa 2,5 Metern Abstand auf einem Stuhl/Altar/Hocker … hinter der Schattenbühne steht. Wer keinen Overheadprojektor zur Verfügung hat, kann ersatzweise einen Diaprojektor, eventuell auch einen Scheinwerfer benutzen (ausprobieren!).
Außerdem empfiehlt es sich, drei *Stühle* für die Schattenspieler hinter der Bühne zu haben.
Für die Sprecher ist unter Umständen ein *Mikrofon* bereitzustellen.
Ideal ist es, in einem Raum zu spielen, der abgedunkelt werden kann.
Wer für die Akteure oder Zuschauer *Erzähllampen* bestellen möchte, braucht neben der entsprechenden Anzahl an Erzähllampen eventuell auch entsprechend viele *Teelichter*.

Die Krippenspieltexte

Die hier abgedruckten Textvorlagen richten sich vor allem an den beiden Weihnachtsgeschichten von Lukas 2 und Matthäus 2 aus. Sie greifen bewusst auf »weihnachtliche Klischees« zurück, wie die Herbergssuche oder die Namen der Sterndeuter, weil sie die Geschichte anschaulicher, plastischer und nachvollziehbarer machen.
Insgesamt finden Sie in diesem Heft vier Textvorlagen:
Je ein Spiel zu Lukas 2 und Matthäus 2 für das Sprechen **in verteilten Rollen** und je ein Spiel zu Lukas 2 und Matthäus 2 **für einen einzelnen Sprecher**. Damit ist die Möglichkeit gegeben, flexibel auf die Anzahl der Mitspieler zu reagieren.
Es kann jedes Spiel für sich aufgeführt werden. Es können aber auch die beiden Rollenstücke und die zwei Erzählspiele kombiniert werden. Diese Entscheidung ist vom Rahmen der Veranstaltung und von der geplanten Spieldauer abhängig.
Selbstverständlich können auch eigene Textvorlagen dem Schattenspiel zugrunde gelegt werden. Zwischen den einzelnen Szenen sind Liedvorschläge angegeben. Es sollte aber überlegt werden, wie viele Lieder zwischendurch gesungen werden sollen, und eine Auswahl getroffen werden.

Hinweise für das Miteinander im Krippenspiel

- Die Sprecher dürfen nur so schnell sprechen, wie die Akteure mit ihren Schattenfiguren agieren können. Aus diesem Grund muss es den Sprechern möglich sein, Blickkontakt mit den Schattenspielern zu halten. Dies kann z. B. dadurch gewährleistet werden, dass die Sprecher auf gleicher Höhe wie die Spieler stehen, d.h. etwas hinter der Schattenbühne. Es ist aber auch möglich, vor der Schattenbühne und in leichtem Winkel zu ihr zu stehen, so dass die Sprecher den Spielverlauf auf der Bühne verfolgen können.
- Es empfiehlt sich, dass ein Erwachsener direkt hinter den Spielern sitzt, der ihnen zur jeweiligen Szene die neuen Spielfiguren zureicht und die nicht mehr benötigten wieder abnimmt. Das ist um so wichtiger, je jünger die Spieler sind. Außerdem ist es wichtig, eine Person zu haben, welche den Sternenhimmel, den Stall und die Häuser auf dem Overheadprojektor bereitstellt und abnimmt. Das kann die gleiche Person sein, die auch die Schattenfiguren zureicht.
- Die Figuren müssen stets parallel zur Leinwand der Schattenbühne gehalten werden, damit der Schatten nicht verzerrt zu sehen ist.
- Das Spiel wird lebendiger, wenn sich nicht jeder Spieler auf eine Figur fixiert, sondern die Schattenfiguren weitergereicht werden, d.h. wenn sich die Spieler auf die Bewegungen in der Szene konzentrieren und nicht auf einzelne Figuren.
- Wer sich zum Nachbau der oben aufgeführten Schattenbühne entschließt, kann die Figuren, die in einer Zwischenszene nicht benötigt werden, aber zu einem späteren Zeitpunkt noch einmal gebraucht werden, an der unteren Klammerleiste auf Kniehöhe der Spieler »parken«.
- Bei größeren Gruppen kann man die Spieler den Szenen entsprechend auswechseln (z. B. während eines Liedes), um mehr Kinder zu beteiligen. Bei kleinen Gruppen können die Sprecherrollen doppelt besetzt werden.

Eine schöne Ergänzung – die Erzähllampe

Wer den kleinen und großen Spielern ein Dankeschön für die Mitarbeit schenken möchte oder den Raum festlich schmücken, bzw. den Zuschauern ein Stück Weihnachtsgeschichte mit nach Hause geben will, kann auf die Möglichkeit der Erzähllampe zurückgreifen (siehe Abb. auf Umschlagseite 4). Sie ist beim Calwer Verlag unter der ISBN 3–7668–3796–6 erhältlich.
Auf der Erzähllampe sind wesentliche Szenen des Schattenspiels abgebildet.

Maria, Josef und die Hirten – Rollenspiel (Spiel A)

(Weihnachtsgeschichte nach Lukas 2)

Szene A/1 Der kaiserliche Befehl

Erzähler: Alle Leute in Nazareth sind bei der Arbeit. Die Männer arbeiten auf dem Feld. Die Mütter kochen das Mittagessen. Die Kinder spielen auf der Straße. Da kommt ein Mann in einer römischen Soldatenuniform in die Stadt gelaufen.

Der Herold des Kaisers (Herold A / 1) kommt von rechts her und wird bis zur Bildmitte weitergereicht. Dort kann er festgeklammert werden.

Erzähler: Bis zum Marktplatz des Dorfes läuft der Mann. Dort bleibt er stehen. Mit lauter Stimme fängt er an zu rufen:

Herold: Herbei, herbei ihr Leute, und hört den Befehl unseres mächtigen Kaisers Augustus!

Von links und rechts erscheinen Leute (A / 1), unter ihnen Maria und Josef (A / 1).

Herold: Hört, ihr Leute von Nazareth! Ich bin der Bote des Kaisers Augustus. Und ich überbringe euch seinen Befehl. Der Kaiser will wissen, wie viele Menschen es in seinem Land gibt. Deshalb muss jeder von euch in die Stadt reisen, in der er geboren wurde. Dort wird ein Beamter des Kaisers jeden Namen auf eine lange Liste schreiben. Wer dem Befehl des Kaisers nicht gehorcht, wird bestraft!
Hört ihr Leute und tut, was euch der Kaiser befohlen hat!

Der Bote geht nach links weiter und verschwindet. Auch die anderen Figuren verschwinden; nur Maria und Josef bleiben auf der Bildfläche.

Josef: Das ist eine schlechte Nachricht. Sie passt mir gar nicht. Ich bin der einzige Zimmermann in der Stadt, und es gibt so viel Arbeit!

Maria: O, Josef, was sollen wir nur tun? Bald wird unser Kind geboren werden! Wer weiß, wie es dem Kind und mir ergehen wird, wenn wir uns jetzt auf eine beschwerliche Reise machen müssen. Das Kind kann jeden Tag zur Welt kommen und wenn wir nach Bethlehem wandern, werden wir gewiss einen ganzen Monat unterwegs sein. Können wir nicht einfach hier bleiben?

Josef: Du hast doch gehört, was der Bote des Kaisers angedroht hat: Wer dem Befehl des Kaisers nicht gehorcht, der wird bestraft. Stell dir vor, sie stecken mich ins Gefängnis. Wer soll dann für dich und das Baby sorgen? Es hilft nichts, wir müssen wohl oder übel nach Bethlehem ziehen.

Erzähler: So packen Maria und Josef alle Sachen zusammen, die sie brauchen, und satteln ihren Esel. Dann machen sich alle drei auf den beschwerlichen Weg nach Bethlehem, wo Josefs Vorfahren geboren wurden.

Maria und Josef gehen ab. Sie erscheinen mit ihrem Esel (A / 2).

Lied: O Bethlehem, du kleine Stadt (EG 55)

Szene A/2 Die Herbergssuche

Auf den Overheadprojektor werden am linken und rechten Rand die Silhouette je eines Hauses aufgelegt; oben der Sternenhimmel, allerdings mit verdecktem Weihnachtsstern. Maria und Josef bleiben zunächst in der Mitte der Schattenbühne.

Erzähler: Als Maria und Josef in Bethlehem ankommen, tun ihnen die Füße schrecklich weh. Sie brechen fast zusammen vor Müdigkeit. Aber wo sollen sie schlafen? In allen Gasthäusern des Ortes haben sie schon versucht, ein Zimmer zu bekommen. Aber nirgends ist ein Platz frei, denn viele Menschen sind nach Bethlehem gekommen, um sich in die Liste des Kaisers eintragen zu lassen. Maria und Josef sind verzweifelt.

Maria: Was sollen wir nur tun, Josef? Meine Schmerzen nehmen zu. Ich spüre, dass unser Kind bald geboren wird.

Josef: Beruhige dich, Maria. Ich werde in dem Haus dort fragen. Vielleicht nehmen uns die Leute auf.

Maria und Josef gehen zum Haus auf der linken Seite. Klopfgeräusch.

Josef: (*ruft laut*) He, gute Leute, wir haben eine lange Reise hinter uns. Meine Frau ist hochschwanger und alle Gasthäuser sind überfüllt. Habt ihr nicht eine Ruhemöglichkeit für uns in dieser Nacht?

Die Wirtin (A/2) erscheint und tritt aus dem Schatten des Hauses vor das Haus.

Wirtin: Wir würden euch gerne helfen, doch auch unser Haus ist überfüllt. Man kann sich drinnen kaum rühren. Geht zu unseren Nachbarn, vielleicht können sie euch weiterhelfen.

Die Wirtin verschwindet, Maria und Josef machen kehrt und gehen zum Haus am rechten Rand. Klopfgeräusch.

Josef: Hallo, hört ihr mich?

Der Wirt (A/2) erscheint und tritt aus dem Schatten des Hauses vor das Haus.

Wirt: Was kann ich für euch tun?

Josef: Guter Mann, wir kommen aus Nazareth, um uns in die Liste des Kaisers eintragen zu lassen. Doch nirgends haben wir einen Platz für die Nacht gefunden. Wir sind verzweifelt, weil meine Frau jeden Augenblick ein Kind erwartet.

Wirt: Ihr Ärmsten! Leider ist auch unser Haus voll. Wir sind eine große Familie und viele unserer Verwandten sind bei uns zu Gast, weil auch sie sich in die Liste eintragen lassen müssen. Aber vielleicht kann ich euch trotzdem helfen. Am Stadtrand steht mein Stall. Wenn ihr wollt, könnt ihr dort für diese Nacht unterkommen. Er steht leer, denn die Schafe sind zur Zeit auf der Weide.

Maria: Wir danken euch, guter Mann!

Szene A/3 Ankuft am Stall

Die Häuser und der Wirt verschwinden, am linken Rand wird die Silhouette des Stalls auf den Overheadprojektor gelegt. Maria und Josef gehen zum Stall.

Josef: O, Maria. In diesem Stall sollen wir übernachten?

Maria: Lass es gut sein, Josef. Wir wollen Gott dankbar sein, dass wir ein Dach über dem Kopf haben. So sind wir wenigstens vor dem Wind geschützt und müssen nicht frieren.

Die Figuren von Maria und Josef werden durch die Schattenfiguren A/3 ersetzt.

Erzähler: Maria und Josef richten sich so gut es geht im Stall ein. Im Stall finden sie alles, was sie brauchen. Es ist gut, dass sie eine Unterkunft gefunden haben, denn nur kurze Zeit später bringt Maria einen kleinen Jungen zur Welt. Sie wickelt ihn in Windeln und legt ihn in die Futterkrippe. Dort ist frisches Stroh eingefüllt und das Baby liegt im Stroh weich und warm.

Lied: Es ist ein Ros entsprungen (EG 30) oder Stille Nacht (EG 46)

Szene A/4 Die Hirten auf dem Feld

Der Stall und Maria und Josef verschwinden. Es erscheinen die Hirten (A/4a) mit ihren Schafen (A/4); der Sternenhimmel bleibt.

Erzähler: In der tiefen, dunklen Nacht, als niemand mehr auf den Straßen unterwegs ist, und alle Leute schon in ihren Betten liegen und schlafen, wachen nur noch einige Hirten bei ihren Schafen auf einem Hügel in der Nähe von Bethlehem. Sie hocken um ein Feuer, wärmen sich ihre Hände und unterhalten sich:

Hirte 1: War das ein anstrengender Tag! Ich bin zum Umfallen müde.

Hirte 2: Willst du schon schlafen gehen? Ich habe das Gefühl, heute Nacht wird etwas geschehen.

Hirte 1: Was wird denn schon geschehen? Die Herde ist ruhig und die Hunde passen auf.

Hirte 2: Aber vielleicht geschieht heute Nacht etwas Besonderes?

Hirte 1: Das hätte gerade noch gefehlt! Mir reicht es, dass so viele Leute in die Stadt gekommen sind. Die Schafe spielen darum völlig verrückt. Ich will nichts als meine Ruhe haben.

Erzähler: Plötzlich leuchtet ein großes Licht über ihren Köpfen.

Wenn die Möglichkeit besteht, kann dieses Licht mit einem zugeschalteten Dia-Projektor oder einer starken Taschenlampe erzeugt werden. Es erscheint der Engel (A/4)im Lichtkreis. Die Hirten werden durch die »erschrockenen« Hirten (A/4b) ausgetauscht.

Erzähler: Die Hirten erschrecken und zittern vor Angst. Sie sind geblendet vom großen Licht. Doch da hören sie eine Stimme, die sie beruhigt. Als sie aufschauen, sehen sie einen Engel, einen Boten Gottes, der mit ihnen redet.

Engel: Habt keine Angst und fürchtet euch nicht, denn ich habe eine Freudenbotschaft für euch, eine gute Nachricht, die euer Leben und das Leben aller Menschen verändern kann. Denn für euch ist heute Nacht hier in Bethlehem der Retter geboren. Er wird euch frei machen von Schuld und Angst, Traurigkeit und Leid.

Hirte 2: Unser Retter und Befreier? Verzeih uns, aber wie sollen wir denn den neugeborenen Retter erkennen?

Engel: Auf den ersten Blick werdet ihr ihn nicht als Retter und Befreier erkennen, denn er ist nicht umgeben von Prunk und starken Soldaten, sondern er ist ein kleines Kind, ein Mensch wie ihr. Geht zum Stadtrand von Bethlehem, dort werdet ihr im Schafstall das neugeborene Kind finden, es ist in Windeln gewickelt und liegt in einer Futterkrippe. Lauft! Freut euch und lobt Gott, dass durch dieses Kind Frieden werden soll auf der Welt und unter den Menschen! Denn Gott hat jeden Menschen lieb.

Der Engel verschwindet; der zusätzliche Dia-Projektor oder die Taschenlampe werden ausgeschaltet. Die Hirten (A/4a) erscheinen wieder.

Hirte 1: Träume ich oder wache ich? Kneif mich mal! – Au!

Hirte 2: Ich habe dir ja gesagt, dass in dieser Nacht etwas Besonderes passieren wird. Komm, lass uns nachsehen, ob es stimmt, was uns der Bote Gottes gesagt hat.

Hirte 1: Und die Schafe?

Hirte 2: Ach, lass die Schafe. Stell dir vor, wenn es stimmt, dass hier in Bethlehem wirklich der Retter der ganzen Welt geboren ist, und wir würden nicht hin gehen. Ich will ihn sehen, diesen Retter! Ich will wissen, was es auf sich hat mit dem, was der Bote erzählt hat. Außerdem ist die Nacht ruhig und die Hunde passen auf die Schafe auf. Also komm!

Hirte 1: Nun gut. Lass uns nachsehen, was da im Stall vor Bethlehem passiert sein soll.

Hirten werden weggenommen. Am linken Rand erscheint wieder die Silhouette des Stalls, die auf den Overheadprojektor gelegt wird. Der Stern kann aufgedeckt werden. Maria und Josef (A/3) und die Krippe sind im Stall.

Lied: Kommet, ihr Hirten (EG 48) oder Vom Himmel hoch, da komm ich her (EG 24)

Szene A/5 Die Hirten im Stall

Die Hirten (A/5) nähern sich dem Stall und treten bis vor die Krippe.

Erzähler: Die Hirten machen sich auf den Weg und laufen quer über die Felder zum Stall. Vorsichtig gehen sie hinein und finden alles genau so, wie es ihnen der Engel Gottes gesagt hat.

Hirte 2: Dürfen wir eintreten?

Josef: Ja, kommt nur herein. Was führt euch her?

Hirte 1: Als wir draußen auf den Feldern die Schafe hüteten, erschien uns ein Bote Gottes und er sagte uns, wir sollen hierher gehen, damit wir den neugeborenen Retter der Welt sehen sollen.

Maria: Den neugeborenen Retter?

Hirte 2: Ja. O, sieh nur! Das Kind! Da in der Krippe!

Hirte 1: Ja, es stimmt. Alles ist so, wie es uns der Bote Gottes gesagt hat.

Hirte 2: Ich bin so froh! Gott hat uns nicht vergessen! Hab Dank dafür, Gott! Hab Dank, dass du uns den Retter aus aller unserer Not und Verzweiflung geschickt hast!

Hirte 2 dreht sich um.

Hirte 2: Lass uns gehen! Wir danken euch, gute Leute, dass wir dieses Kind sehen durften.

Hirten gehen aus dem Stall hinaus und entfernen sich langsam. Unterwegs begegnen ihnen Leute (A/5).

Erzähler: Als die Hirten den Stall verlassen haben, wundern sich Maria und Josef über die Begegnung und die Worte der Hirten. Die Hirten aber können nicht gleich wieder zu ihren Schafen zurück laufen. Dazu sind sie viel zu aufgeregt. Sie laufen durch Bethlehem und erzählen ihren Freunden und Bekannten und allen, die es hören wollen, was sie gehört und erlebt haben. Sie loben Gott dafür, wie gut er es mit uns Menschen meint. Und die Menschen, die ihnen zuhören, wundern sich. Einige glauben nicht, was die Hirten erzählen. Andere aber werden froh und freuen sich mit ihnen, dass endlich der Retter geboren ist, den Gott schon lange versprochen hat.

Die Figuren können festgeklammert werden, um das Bild noch nachwirken zu lassen, oder der Overheadprojektor wird ausgeschaltet.

Lied: Kommt und lasst uns Christus ehren (EG 39)

Maria, Josef und die Hirten – Erzählspiel (Spiel A)

(Weihnachtsgeschichte nach Lukas 2)

Szene A/1 Der kaiserliche Befehl

Erzähler: Alle Leute in Nazareth sind bei der Arbeit. Die Männer arbeiten auf dem Feld. Die Mütter kochen das Mittagessen. Die Kinder spielen auf der Straße. Da kommt ein Mann in römischer Soldatenuniform in die Stadt gelaufen.

Der Herold des Kaisers (A / 1) kommt von rechts her und wird bis zur Bildmitte weitergereicht. Dort kann er festgeklammert werden.

Bis zum Marktplatz des Dorfes läuft der Mann. Dort bleibt er stehen und beginnt sogleich mit lauter Stimme die Leute herbeizurufen: »Herbei, herbei ihr Leute, und hört den Befehl unseres mächtigen Kaisers Augustus!«

Von links und rechts erscheinen Leute (A / 1), unter ihnen Maria und Josef (A / 1).

»Hört, ihr Leute von Nazareth! Ich bin der Bote des Kaisers Augustus. Und ich überbringe euch seinen Befehl. Der Kaiser will wissen, wie viele Menschen es in seinem Land gibt. Deshalb muss jeder von euch in die Stadt reisen, in der er geboren wurde. Dort wird ein Beamter des Kaisers jeden Namen auf eine lange Liste schreiben. Wer dem Befehl des Kaisers nicht gehorcht, wird bestraft! Hört, ihr Leute, und tut, was euch der Kaiser befohlen hat!«

Der Bote läuft nach links weiter und verschwindet. Auch die anderen Figuren verschwinden; nur Maria und Josef bleiben auf der Bildfläche.

Als der Bote verschwunden ist und die Leute sich verlaufen, bleiben nur Maria und Josef auf dem Marktplatz zurück.
»Das ist eine schlechte Nachricht!« murmelt Josef vor sich hin. »Das passt mir gar nicht. Ich bin der einzige Zimmermann in der Stadt, und es gibt so viel Arbeit!« Und auch Maria klagt: »Josef, was sollen wir nur tun? Bald wird unser Kind geboren werden! Wer weiß, wie es dem Baby und mir ergehen wird, wenn wir uns jetzt auf eine beschwerliche Reise begeben müssen. Das Kind kann jeden Tag zur Welt kommen. Aber wenn wir nach Bethlehem wandern, werden wir gewiss einen ganzen Monat unterwegs sein. Können wir nicht einfach hier bleiben?« Erschrocken antwortet ihr Josef: »Du hast doch gehört, was der Bote des Kaisers angedroht hat: Wer dem Befehl des Kaisers nicht gehorcht, der wird bestraft. Stell dir vor, sie würden mich ins Gefängnis stecken. Wer soll dann für dich und das Baby sorgen? Es hilft nichts, wir müssen wohl oder übel nach Bethlehem ziehen.« So packen Maria und Josef alle Sachen zusammen, die sie brauchen, und satteln ihren Esel. Dann machen sich alle drei auf den beschwerlichen Weg nach Bethlehem, wo Josef geboren wurde.

Maria und Josef gehen ab. Sie erscheinen mit ihrem Esel (A / 2).

Lied: O Bethlehem, du kleine Stadt (EG 55)

Szene A/2 Die Herbergssuche

Auf den Overheadprojektor werden am linken und rechten Rand die Silhouette je eines Hauses aufgelegt; oben der Sternenhimmel, allerdings mit verdecktem Weihnachtsstern. Maria und Josef bleiben zunächst in der Mitte der Schattenbühne.

Erzähler: Als Maria und Josef in Bethlehem ankommen, tun ihnen die Füße schrecklich weh und sie brechen fast zusammen vor Müdigkeit. Aber wo sollen sie schlafen? In allen Gasthäusern des Ortes haben sie schon versucht, ein Zimmer zu bekommen. Aber nirgends ist ein Platz frei, denn viele Menschen sind nach Bethlehem gekommen, um sich in die Liste des Kaisers eintragen zu lassen. Maria und Josef sind verzweifelt. In ihrer Not wendet sich Maria an ihren Mann: »Was sollen wir nur tun, Josef? Meine Schmerzen nehmen zu. Ich spüre, dass unser Kind bald geboren wird.« »Sei nur ruhig, Maria!«, versucht sie Josef zu beruhigen, »ich werde in dem Haus dort fragen. Vielleicht nehmen uns die Leute auf.«

Maria und Josef gehen zum Haus auf der linken Seite.

Er klopft an die Tür und ruft: »He, gute Leute, wir haben eine lange Reise hinter uns, meine Frau ist hochschwanger und alle Gasthäuser sind überfüllt. Habt ihr nicht eine Ruhemöglichkeit für uns in dieser Nacht?«

Die Wirtin (A/2) erscheint und tritt aus dem Schatten des Hauses vor das Haus.

Doch die Frau, die aus dem Hause kommt, bedauert: »Wir würden euch gerne helfen, doch auch unser Haus ist überfüllt. Man kann sich drinnen kaum rühren. Geht zu unseren Nachbarn, vielleicht können sie euch weiterhelfen.«

Die Wirtin verschwindet, Maria und Josef machen kehrt und gehen zum Haus am rechten Rand.

So probiert es Josef auch beim nächsten Haus. Er klopft an und ruft zu den Leuten im Haus hinein: »Hallo, hört ihr mich?«

Der Wirt (A/2) erscheint und tritt aus dem Schatten des Hauses vor das Haus.

Als der Besitzer des Häuschens fragt, was die beiden wollen, beginnt Josef erneut zu bitten: »Guter Mann, aus Nazareth kommen wir, um uns in die Liste des Kaisers einzutragen zu lassen. Doch nirgends haben wir einen Platz für die Nacht gefunden. Wir sind verzweifelt. Meine Frau erwartet jeden Augenblick ein Kind.«
»Ihr armen Leute!« erwidert der Mann. »Aber unser Haus ist voll. Wir sind eine große Familie und viele unserer Verwandten sind bei uns zu Gast, weil auch sie sich in die Liste eintragen lassen müssen. Aber vielleicht kann ich euch trotzdem helfen. Am Stadtrand steht mein Stall. Wenn ihr wollt, könnt ihr dort für diese Nacht unterkommen. Er steht leer, denn die Schafe sind zur Zeit auf der Weide.«
Maria und Josef bedanken sich und gehen zum Stall, den ihnen der freundliche Mann zuvor beschrieben hatte.

Szene A/3 Ankuft am Stall

Die Häuser und der Wirt verschwinden, am linken Rand wird die Silhouette des Stalls auf den Overheadprojektor gelegt. Maria und Josef gehen zum Stall.

Erzähler: Als Maria und Josef am Stall ankommen, ist Josef entsetzt: »O, Maria! In diesem Stall sollen wir übernachten?«

Aber Maria beruhigt ihn: »Lass es gut sein, Josef. Wir wollen Gott dankbar sein, dass wir ein Dach über dem Kopf haben. So sind wir wenigstens vor dem Wind geschützt und müssen nicht frieren.«

Die Figuren von Maria und Josef werden durch die Schattenfiguren A/3 ersetzt.

Maria und Josef richten sich so gut wie es geht im Stall ein. Im Stall finden sie alles, was sie brauchten. Es ist gut, dass sie eine Unterkunft gefunden haben, denn nur kurze Zeit später bringt Maria einen kleinen Jungen zur Welt. Sie wickelt ihn in Windeln und legt ihn in die Futterkrippe. Dort ist frisches Stroh eingefüllt und das Baby liegt im Stroh weich und warm.

Lied: Es ist ein Ros entsprungen (EG 30) oder Stille Nacht (EG 46)

Szene A/4 Die Hirten auf dem Feld

Der Stall und Maria und Josef verschwinden. Es erscheinen die Hirten (A/4a) mit ihren Schafen (A/4).

Erzähler: In der tiefen, dunklen Nacht, als niemand mehr auf den Straßen unterwegs ist und alle Leute schon in ihren Betten liegen und schlafen, wachen nur noch einige Hirten bei ihren Schafen auf einem Hügel in der Nähe von Bethlehem. Sie hocken um ein Feuer, wärmen sich ihre Hände und unterhalten sich:
»War das ein anstrengender Tag!«, meint einer der Hirten. »Ich bin zum Umfallen müde.« »Willst du schon schlafen gehen?«, fragt ihn verwundert der andere. »Ich habe das Gefühl heute Nacht wird etwas geschehen.« Aber der erstere winkt bloß ab: »Was wird denn schon geschehen? Die Herde ist ruhig und die Hunde passen auf.« Doch sein Kollege lässt nicht locker: »Vielleicht geschieht heute Nacht etwas Besonderes?« Aber auch das lässt seinen Freund kalt: »Etwas Besonderes hätte gerade noch gefehlt! Mir reicht es, dass so viele Leute in der Stadt sind und die Schafe deshalb verrückt spielen. Ich will nichts als meine Ruhe haben.«
Plötzlich leuchtet ein großes Licht über ihren Köpfen.

Wenn die Möglichkeit besteht, kann dieses Licht mit einem zugeschalteten Dia-Projektor oder einer starken Taschenlampe erzeugt werden. Es erscheint der Engel (A/4) im Lichtkreis. Die Hirten werden durch die »erschrockenen« Hirten (A/4b) ausgetauscht.

Die Hirten erschrecken, und zittern vor Angst. Sie sind geblendet vom großen Licht. Doch da hören sie eine Stimme, die sie beruhigt. Als sie aufschauen, sehen sie einen Engel, einen Boten Gottes, der mit ihnen redet. Voller Wärme spricht er zu ihnen: »Habt keine Angst und fürchtet euch nicht, denn ich habe eine Freudenbotschaft für euch; eine gute Nachricht, die euer Leben und das Leben aller Menschen verändern kann. Denn für euch ist heute Nacht hier in Bethlehem der Retter geboren. Er wird euch frei machen von Schuld und Angst, Traurigkeit und Leid.«
»Unser Retter und Befreier?« fragt ungläubig der mutigere Hirte. »Verzeih uns, aber wie sollen wir denn den neugeborenen Retter erkennen?«
Und der Engel antwortet ihm: »Auf den ersten Blick werdet ihr ihn nicht als Retter und Befreier erkennen, denn er ist nicht umgeben von Prunk und starken Soldaten, sondern er ist ein einfacher Mensch wie ihr. Geht zum Stadtrand von Bethlehem, dort werdet ihr im Schafstall ein Kind finden. Es ist in Windeln gewickelt und liegt in einer Futterkrippe. Lauft! Freut euch und lobt Gott, dass durch dieses Kind Frieden werden soll auf der Welt und unter den Menschen! Denn Gott hat jeden Menschen lieb.«

Der Engel verschwindet; der zusätzliche Dia-Projektor oder die Taschenlampe wird ausgeschaltet. Die Hirten (A/4a) erscheinen wieder.

Als der Engel Gottes verschwunden ist, fragen sich die beiden Hirten, ob sie alles nur geträumt oder wirklich erlebt haben. Schließlich meint der Jüngere: »Siehst du, ich habe dir ja gesagt, dass in dieser Nacht etwas Besonderes passieren wird. Komm, lass uns nachsehen, ob es stimmt, was uns der Bote Gottes gesagt hat.« Doch gleich versucht ihn der andere am Loslaufen zu hindern: »Und die Schafe? Was wird mit ihnen?«
»Ach, lass die Schafe!« entgegnet ihm der erste. »Stell dir vor, wenn es stimmt, dass hier in Bethlehem wirklich der Retter der ganzen Welt geboren ist, und wir würden nicht hingehen. Ich will ihn sehen, diesen Retter! Ich will wissen, was es auf sich hat mit dem, was der Bote erzählt hat. Außerdem ist die Nacht ruhig und die Hunde passen auf die Schafe auf. Also komm!«
Nun lässt sich auch der andere bewegen. Und so laufen sie, um herauszufinden, was es mit dem auf sich hat, wovon ihnen der Engel erzählt hat.

Die Hirten gehen ab. Am linken Rand erscheint wieder die Silhouette des Stalls, die auf den Overheadprojektor gelegt wird. Maria und Josef (A/3) und die Krippe sind im Stall. Die Hirten (A/5) nähern sich dem Stall und treten bis vor die Krippe.

Lied: Kommet, ihr Hirten (EG 48) oder Vom Himmel hoch, da komm ich her (EG 24)

Szene A/5 Die Hirten im Stall

Erzähler: So machen sich die beiden Hirten auf den Weg und laufen quer über die Felder zum Stall. Vorsichtig gehen sie hinein und finden alles genau so, wie es ihnen der Engel Gottes gesagt hatte. Die Hirten erzählen Maria und Josef, warum sie gekommen sind und berichten, was ihnen der Engel Gottes gesagt hat. Völlig verwundert hören sie zu und behalten die Rede der Hirten in ihrem Herzen. Die Hirten aber sind froh, dass sie alles so vorgefunden haben, wie es ihnen der Engel gesagt hat.
»Wir sind so froh!«, jubeln sie. »Gott hat uns nicht vergessen! Hab Dank dafür, Gott! Hab Dank, dass du uns den Retter aus aller unserer Not und Verzweiflung geschickt hast!«

Die Hirten drehen sich um.

Dann drehen sie sich um und verlassen den Stall.

Die Hirten gehen aus dem Stall hinaus und entfernen sich langsam. Unterwegs begegnen ihnen Leute (A/5).

Doch die Hirten können nicht gleich wieder zu ihren Schafen zurück laufen. Dazu sind sie viel zu aufgeregt. Sie laufen durch Bethlehem und erzählen ihren Freunden und Bekannten und allen, die es hören wollen, was sie gehört und erlebt haben. Sie loben Gott dafür, wie gut er es mit uns Menschen meint. Und die Menschen, die ihnen zuhören, wundern sich. Einige glauben nicht, was die Hirten erzählen. Andere aber werden froh und freuen sich mit ihnen, dass endlich der Retter geboren ist, den Gott schon lange versprochen hat.

Die Figuren können festgeklammert werden, um das Bild noch nachwirken zu lassen. Oder der Overheadprojektor wird ausgeschaltet.

Die Weisen aus dem Morgenland – Rollenspiel (Spiel B)
(Weihnachtsgeschichte nach Matthäus 2)

Szene B/1 Die Sterndeuter entdecken den Weihnachtsstern

Die drei Sterndeuter (B / 1) sind zu sehen. Auf dem Overheadprojektor liegt der Sternenhimmel; der Weihnachtsstern ist noch mit einem Stück Papier abgedeckt.

1. Sterndeuter: Seht euch nur die vielen Sterne an!

2. Sterndeuter: Ja, es sind Tausende.

3. Sterndeuter: Ach was, Tausende! Millionen Sterne sind es. Unzählbar viele! Ich bin immer wieder ergriffen, wenn ich die vielen Sterne betrachte.

1. Sterndeuter: Und doch sind es immer die gleichen Sterne: Der kleine und der große Bär, die Fische und der Adler. Nacht für Nacht stehen sie dort; seit Urzeiten.

2. Sterndeuter: Ja, seit ewigen Zeiten leuchten sie oben vom Himmel herab. Darüber sind wir alt geworden und bald machen die Augen nicht mehr mit. Gibt es denn nichts Neues am Nachthimmel?

Die Abdeckung des Weihnachtssterns wird vom Projektor entfernt; der neue Stern erscheint. Alle drei Sterndeuter sehen in die Richtung, in welcher der Stern steht.

1. Sterndeuter: Seht ihr, was ich sehe?

2. Sterndeuter: Ja, ein helles Licht. Was ist das?

1. Sterndeuter: Vielleicht eine große Sternschnuppe?

3. Sterndeuter: Nein, sie bleibt stehen.

2. Sterndeuter: Ein Komet?

3. Sterndeuter: Dann wäre er unbekannt. Es muss ein besonderer Stern sein.

2. Sterndeuter: Unheimlich ist das. Wo kommt der Stern nur her?

3. Sterndeuter: Ich bin sicher, wir haben etwas Großartiges entdeckt. Dieser Stern hat etwas zu bedeuten.

1. Sterndeuter: Du hast Recht. Wir müssen mehr über diesen Stern herausfinden. Der Himmel weiß, was dieser Stern bedeuten mag. Wir sollten ihn im Auge behalten.

2. Sterndeuter: Was willst du damit sagen?

1. Sterndeuter: Ich meine, wir sollten ihm folgen. Der Stern steht im Westen. Wir sollten seinem Geheimnis auf die Spur kommen.

3. Sterndeuter: Lasst uns keine Zeit verlieren und noch heute Nacht aufbrechen, um dem Stern zu folgen.

Sterndeuter gehen nach rechts ab, indem sie vom linken Mitspieler her nach rechts zu den anderen Mitspielern weitergereicht werden. Von dort kommen die Figuren mit ihren Reittieren (B / 2) wieder, indem sie wieder von rechts nach links weitergereicht werden.

Szene B/2 Die Sterndeuter auf dem Weg nach Jerusalem

Die Figuren werden von der Klammerleiste gelöst und leicht auf und ab bewegt, damit es so aussieht, als ob sie sich bewegen würden.

Erzähler: Die drei Sterndeuter machen sich also auf den Weg, auf die Suche nach der Bedeutung des geheimnisvollen Sterns. Zunächst folgen sie ihm nach Westen. Ihr Weg führt sie nach Jerusalem, in die Hauptstadt Israels.

Vom linken Rand her erscheint ein Soldat (B / 2).

Erzähler: Am Palast des Königs Herodes bitten sie, mit dem König sprechen zu dürfen.

Szene B/3 Vor Herodes

Die Sterndeuter und der Sternenhimmel werden vom Projektor genommen. Links erscheint Herodes auf dem Thron (B / 3) und wird festgeklammert, von rechts erscheint der Soldat (B / 2).

Soldat: Majestät, drei Männer mit herrlichen Gewändern stehen draußen vor dem Tor und bitten darum, euch sprechen zu dürfen.

Herodes: Führe sie zu mir!

Der Soldat geht nach rechts ab und kommt von dort mit den drei Sterndeutern (B / 3) zurück. Sie bleiben vor dem Thron stehen. Der Soldat tritt hinter den Thron und dreht sich zu den drei Weisen um; er wird festgeklammert.

1. Sterndeuter: Gepriesen seiest du, König Herodes!

2. Sterndeuter: Wir bringen dir unsere Verehrung und Hochachtung.

Herodes: Wer seid ihr? Was wollt ihr?

3. Sterndeuter: Wir sind Sterndeuter. Bei uns zu Hause im fernen Morgenland haben wir einen neuen Stern entdeckt. Einen großen Stern. Wir sind ihm gefolgt, um herauszufinden, was es mit diesem Stern auf sich hat.

2. Sterndeuter: Wir haben gelesen und gehört, dass ein besonderer Stern die Geburt eines großen Königs ankündigen soll. Deshalb sind wir hierher nach Jerusalem in die Königsstadt gekommen.

1. Sterndeuter: Ist hier ein neuer König geboren worden?

Herodes: Nein. Ich allein bin König!

2. Sterndeuter: Wir hörten Leute reden. Sie lasen aus einem alten Buch: »Aus dir Bethlehem, wird kommen der König, der mein Volk weiden wird. Könnte es sein, dass jemand aus deiner Familie in Bethlehem lebt und dass dort ein neuer König geboren wurde?

Herodes: Nicht dass ich wüsste. Aber geht nur nach Bethlehem und erkundigt euch. Und falls ihr einen neugeborenen König findet, dann kommt zu mir zurück und lasst es mich wissen, damit ich auch kommen kann, um dem neuen König Ehre zu erweisen.

Sterndeuter drehen sich um und verlassen nach rechts das Bild. Als Herodes allein ist:

Herodes: Ein neuer König? Das wäre ja noch schöner! Nichts da! Ich allein bin König! Und daran wird sich nichts ändern! Soldaten!

Von rechts erscheint ein Trupp Soldaten (B / 3).

Herodes: Packt die Waffen, wetzt die Schwerter und marschiert nach Bethlehem. Tötet den neuen König. Und um sicher zu gehen, dass ihr ihn wirklich erwischt, tötet gleich alle kleinen Kinder! Rechts um! Abteilung Marsch!

Die Soldatentruppe wendet und verlässt nach rechts das Bild. Herodes und der Soldat werden weggenommen, auf den Overheadprojektor wird der Sternenhimmel gelegt. Die Sterndeuter mit ihren Reittieren (B / 2) erscheinen von rechts und werden von Spieler zu Spieler weitergereicht.

Lied: Es ist ein Ros entsprungen (EG 30)

Szene B/4 Vor Bethlehems Stall

Erzähler: Unterdessen haben die drei Sterndeuter ihre Reise fortgesetzt und folgen dem Stern. Er führt sie nach Bethlehem, genau zu einem Stall.

Der Silhouette vom Stall wird auf den Overheadprojektor gelegt und erscheint unter dem großen Stern. Die Sterndeuter bleiben vor dem Stall stehen. In der Silhouette des Stalls erscheinen Maria, Josef und die Krippe (A/3).

1. Sterndeuter: Seht den Stern an. Er scheint gerade über dem Stall dort zu stehen. Wie hell er leuchtet! Heller als er je geleuchtet hat.

2. Sterndeuter: Du hast recht. Aber sollte hier ein König geboren sein? Hier ist kein Palast, kein Schloss, nicht einmal eine Villa – nur ein Stall. Nichts weiter als ein Stall.

Die Sterndeuter mit ihren Reitern gehen nach unten ab; dafür erscheinen die Sterndeuterfiguren mit Geschenken (B/4).

Erzähler: Die Sterndeuter nehmen ihre Geschenke, die sie mitgebracht haben. Sie treten nacheinander zum Stall und zur Krippe, um nachzusehen, ob der neue König wirklich in dem Stall geboren wurde, zu dem sie der Stern geführt hat.

1. Sterndeuter: Hier ist ein neugeborenes Kind.

2. Sterndeuter: Es muss der neue König sein, von dem die alten Bücher berichten, dass er der Friedenskönig für die ganze Welt sein soll ...

3. Sterndeuter: ... und der Stern hat uns zu ihm geführt.

1. Sterndeuter: Wir beugen unsere Knie vor dir, König der Welt.

2. Sterndeuter: Lob sei dir, o König!

3. Sterndeuter: Ehre und Preis sei dir – für alle Zeit!

Lied: Ich steh an deiner Krippen hier (EG 37)

Szene B/5 Heimreise der Sterndeuter

Erzähler: Nachdem die drei Sterndeuter dem Kind in der Krippe gehuldigt haben, ziehen sie sich zurück.

Die Sterndeuterfiguren werden langsam rückwärts bewegt.

Erzähler: Als sie sich schlafen legen, befiehlt ihnen Gott im Traum, nicht wieder zu Herodes zurückzukehren. Auf einem anderen Weg sollen sie nach Hause reiten.

Stall, Krippen- und Sterndeuterfiguren werden weggenommen. Die Sterndeuter mit ihren Reittieren (B/2) erscheinen wieder. Und reiten langsam nach rechts.

Erzähler: Und so machen sich die drei Sterndeuter am nächsten Tag auf den Weg zurück in ihre Heimat. In ihrem Herzen sind sie froh, weil sie dem Geheimnis des Sterns auf die Spur gekommen sind und den neuen König der Welt gefunden haben: den Friedensfürsten, der nicht in einem Palast zur Welt kam, sondern in einem Stall.

Die drei Figuren können festgeklammert werden, um das Bild noch nachwirken zu lassen, oder der Overheadprojektor wird ausgeschaltet.

Lied: Wisst ihr noch, wie es geschehen? (EG 52)

Die Weisen aus dem Morgenland – Erzählspiel (Spiel B)

(Weihnachtsgeschichte nach Matthäus 2)

Szene B/1 Die Sterndeuter entdecken den Weihnachtsstern

Die drei Sterndeuter (B / 1) sind zu sehen. Auf dem Overheadprojektor liegt der Sternenhimmel; der Weihnachtsstern ist noch mit einem Stück Papier abgedeckt.

Erzähler: Wie jeden Abend stehen drei Männer auf der Terrasse ihres Hauses und besehen sich den nächtlichen Himmel. Und wie jeden Abend staunen sie über die unzähligen blinkenden Lichter. »Seht euch nur die vielen Sterne an!«, brummt Melchior in seinen Spitzbart und zeigt bewundernd nach oben auf den sternenübersäten Himmel.
»Ja, es sind Tausende«, gibt ihm sein Freund Caspar zur Antwort.
»Ach was, Tausende! Millionen Sterne sind es. Unzählbar viele!«, erwidert Melchior. »Ich bin immer wieder ergriffen, wenn ich die vielen Sterne betrachte.«
»Und doch sind es immer die gleichen Sterne«, lässt sich da Balthasar, der Dritte in ihrem Bunde, vernehmen. Mit seinem Fernrohr tastet er langsam den Himmel ab: »Da sind der kleine und der große Bär, die Fische und der Adler. Seit Urzeiten stehen sie dort, Nacht für Nacht.« Melchior gibt ihm Recht: »Ja, seit ewigen Zeiten leuchten sie oben vom Himmel herab. Inzwischen sind wir alt geworden und bald machen die Augen nicht mehr mit. Gibt es denn nichts Neues am Nachthimmel?«

Die Abdeckung des Weihnachtssterns wird vom Overheadprojektor entfernt; der neue Stern erscheint. Alle drei Sterndeuter drehen sich in die Richtung des Sterns.

Plötzlich erscheint ein neuer, großer, unübersehbarer Stern am Himmel. Balthasar sieht ihn zuerst und ruft den anderen zu: »Seht ihr, was ich sehe?«
»Ja«, antworten die beiden wie aus einem Munde, »ein helles Licht. Was ist das?«
»Vielleicht eine große Sternschnuppe?«, vermutet Caspar.
Aber Balthasar widerspricht: »Nein, sie bleibt stehen.« »Oder ein Komet?«
»Dann wäre er unbekannt. Es muss ein besonderer Stern sein. Unheimlich ist das. Wo kommt der Stern nur plötzlich her?«
Nun lässt sich auch Melchior vernehmen: »Wisst ihr, ich bin sicher, wir haben etwas Großartiges entdeckt. Dieser Stern hat etwas zu bedeuten.«
»Du hast Recht«, pflichtet ihm Caspar bei. »Wir müssen mehr über diesen Stern herausfinden. Der Himmel weiß, was dieser Stern bedeutet. Wir sollten ihn im Auge behalten.« »Was willst du damit sagen?« fragt Balthasar.
»Ich meine, wir sollten ihm folgen. Der Stern steht im Westen. Wir sollten seinem Geheimnis auf die Spur kommen.«
»Du hast völlig Recht«, antwortet ihm Balthasar aufgeregt. »Lasst uns keine Zeit verlieren und noch heute Nacht aufbrechen, um dem Stern zu folgen.«

Sterndeuter gehen nach rechts ab, indem sie vom linken Mitspieler her nach rechts zu den anderen Mitspielern weitergereicht werden. Von dort erscheinen die Figuren mit ihren Reittieren (B / 2), indem sie in umgekehrter Richtung weitergereicht werden.

Szene B/2 Die Sterndeuter auf dem Weg nach Jerusalem

Die Figuren werden von der Klammerleiste gelöst und leicht auf und ab bewegt, damit es so aussieht, als ob sie sich bewegen würden.

Erzähler: Die drei Sterndeuter machen sich auf den Weg, auf die Suche nach der Bedeutung des geheimnisvollen Sterns. Zunächst folgen sie ihm nach Westen. Nach Wochen beschwerlicher Reise führt ihr Weg sie nach Jerusalem, in die Hauptstadt Israels.

Vom linken Rand her erscheint ein Soldat (B/2).

Erzähler: Am Palast des Königs Herodes bitten sie, mit dem König sprechen zu dürfen. Und der wachhabende Posten läuft auch sofort, um dem König die Ankunft der drei fremden Männer zu melden.

Szene B/3 Vor Herodes

Die Sterndeuter und der Sternenhimmel werden vom Projektor genommen. Links erscheint Herodes auf dem Thron (B/3) und wird festgeklammert, von rechts erscheint der Soldat (B/2).

Erzähler: »Majestät«, meldet er dem König, »drei Männer mit herrlichen Gewändern stehen draußen vor dem Tor und bitten darum, euch sprechen zu dürfen.«
Der König, der sich im Augenblick langweilt, winkt dem Soldaten zu und befiehlt ihm: Führe sie zu mir!

Der Soldat geht nach rechts ab und kommt von dort mit den drei Sterndeutern (B/3) zurück. Sie bleiben vor dem Thron stehen. Der Soldat tritt hinter den Thron und dreht sich zu den drei Weisen um; er wird festgeklammert.

Balthasar verbeugt sich vor dem König: »Gepriesen seiest du, König Herodes!« Auch Melchior und Caspar verneigen sich: »Wir bringen dir unsere Verehrung und Hochachtung.«
Neugierig blickt Herodes von seinem Thron auf die drei herab: »Wer seid ihr? Was wollt ihr?«
Noch immer ehrfurchtsvoll verneigt antworten ihm die drei: »Wir sind Sterndeuter. Bei uns zu Hause im fernen Morgenland haben wir einen neuen Stern entdeckt. Einen großen Stern. Wir sind ihm gefolgt, um herauszufinden, was es mit diesem Stern auf sich hat. Inzwischen haben wir gelesen und gehört, dass ein besonderer Stern die Geburt eines großen Königs ankündigen soll. Deshalb sind wir hierher nach Jerusalem in die Königstadt gekommen. Ist hier in deinem Palast ein neuer König geboren worden?«
Der König fährt ärgerlich auf: »Ein neuer König?! Nein! Ich allein bin König!«
Beschwichtigend fahren die drei Suchenden fort: »Wir hörten Leute reden. Sie lasen aus einem alten Buch:
Aus dir Bethlehem, wird kommen der König, der mein Volk weiden wird.
Könnte es sein, dass jemand aus deiner Familie in Bethlehem lebt und dass dort ein neuer König geboren wurde?«
»Nicht dass ich wüsste«, antwortet ihnen König Herodes und seine Stimme bekommt einen eigenartigen Unterton: »Aber geht nur nach Bethlehem und erkundigt euch. Und falls ihr einen neugeborenen König findet, dann kommt zu mir zurück und lasst es mich wissen, damit auch ich kommen kann, um dem neuen König Ehre zu erweisen. Und nun entfernt euch, ich habe Wichtiges zu tun.«

Die Sterndeuter drehen sich um und verlassen nach rechts das Bild.

Als die Sterndeuter weg sind, lacht der König höhnisch auf: »Ha! Ein neuer König? Das wäre ja noch schöner! Nichts da! Ich allein bin König! Und daran wird sich nichts ändern! Soldaten!«

Von rechts erscheint ein Trupp Soldaten (B/3).

»Packt die Waffen, wetzt die Schwerter und marschiert nach Bethlehem. Tötet den neuen König. Und um sicher zu gehen, dass ihr ihn wirklich erwischt, tötet gleich alle kleinen Kinder! Rechts um! Abteilung Marsch!«

Die Soldatentruppe wendet und verlässt nach rechts das Bild. Herodes und der Soldat werden weggenommen, auf den Overheadprojektor wird der Sternenhimmel gelegt. Die Sterndeuter mit ihren Reittieren (B/2) erscheinen von rechts und werden von Spieler zu Spieler weitergereicht.

Lied: Es ist ein Ros entsprungen (EG 30)

Szene B/4 Vor Bethlehems Stall

Erzähler: Unterdessen haben die drei Sterndeuter ihre Reise fortgesetzt und folgen dem Stern. Er führt sie nach Bethlehem, genau zu einem Stall.

Die Silhouette vom Stall wird auf den Overheadprojektor gelegt und erscheint unter dem großen Stern. Die Sterndeuter bleiben vor dem Stall stehen. In der Silhouette des Stalls erscheinen Maria, Josef und die Krippe (A/3).

Balthasar ruft seinen Gefährten zu: »Seht den Stern an. Er scheint gerade über dem Stall dort zu stehen. Wie hell er leuchtet! Heller als er je geleuchtet hat.« Die beiden anderen stimmen ihm zu: »Du hast Recht. Aber sollte hier ein König geboren sein? Hier ist kein Palast, kein Schloss, nicht einmal eine Villa – nur ein Stall. Nichts weiter als ein Stall. Aber lasst uns dennoch nachsehen gehen.«

Die Sterndeuter mit ihren Reittieren gehen nach unten ab; dafür erscheinen die Sterndeuterfiguren mit Geschenken (B/4).

Die Sterndeuter nehmen ihre Geschenke, die sie mitgebracht haben. Nacheinander treten sie zum Stall und zur Krippe, um nachzusehen, ob der neue König wirklich in dem Stall geboren wurde, zu dem sie der Stern geführt hat.
»Hier ist ein neugeborenes Kind«, freut sich Melchior. »Es muss der neue König sein, von dem die alten Bücher berichten, dass er der Friedenskönig für die ganze Welt sein soll ...«
»... und der Stern hat uns zu ihm geführt«, stimmt im Caspar zu. Die drei legen ihre Geschenke vor die Krippe, verbeugen sich und sprechen zu dem neugeborenen Baby, das da vor ihnen im Stroh der Krippe liegt: »Wir beugen unsere Knie vor dir, König der Welt. Lob sei dir, o König! Ehre und Preis sei dir – für alle Zeit!«

Die Sterndeuterfiguren werden festgeklammert.

Lied: Ich steh an deiner Krippen hier (EG 37) oder Stille Nacht (EG 46).

Szene B/5 Heimreise der Sterndeuter

Erzähler: Nachdem die drei Sterndeuter dem Kind in der Krippe gehuldigt haben, ziehen sie sich zurück und wollen sich auf den Heimweg machen.

Die Sterndeuterfiguren werden langsam rückwärts bewegt.

In der gleichen Nacht, als sie sich schlafen legen, befiehlt ihnen Gott im Traum, nicht wieder zu Herodes zurückzukehren. Auf einem anderen Weg sollen sie wieder nach Hause reiten.

Stall, Krippen- und Sterndeuterfiguren werden weggenommen. Die Sterndeuter mit ihren Reittieren (B/2) erscheinen wieder und reiten langsam nach rechts.

Und so machen sich die drei Sterndeuter am nächsten Tag auf den Weg zurück in ihre Heimat. In ihrem Herzen sind sie froh, weil sie dem Geheimnis des Sterns auf die Spur gekommen sind und den neuen König der Welt gefunden haben: den Friedensfürsten, der nicht in einem Palast zur Welt kam, sondern in einem Stall.

Die drei Figuren können festgeklammert werden, um das Bild noch nachwirken zu lassen oder der Overheadprojektor wird ausgeschaltet.

Lied: Wisst ihr noch, wie es geschehen? (EG 52)

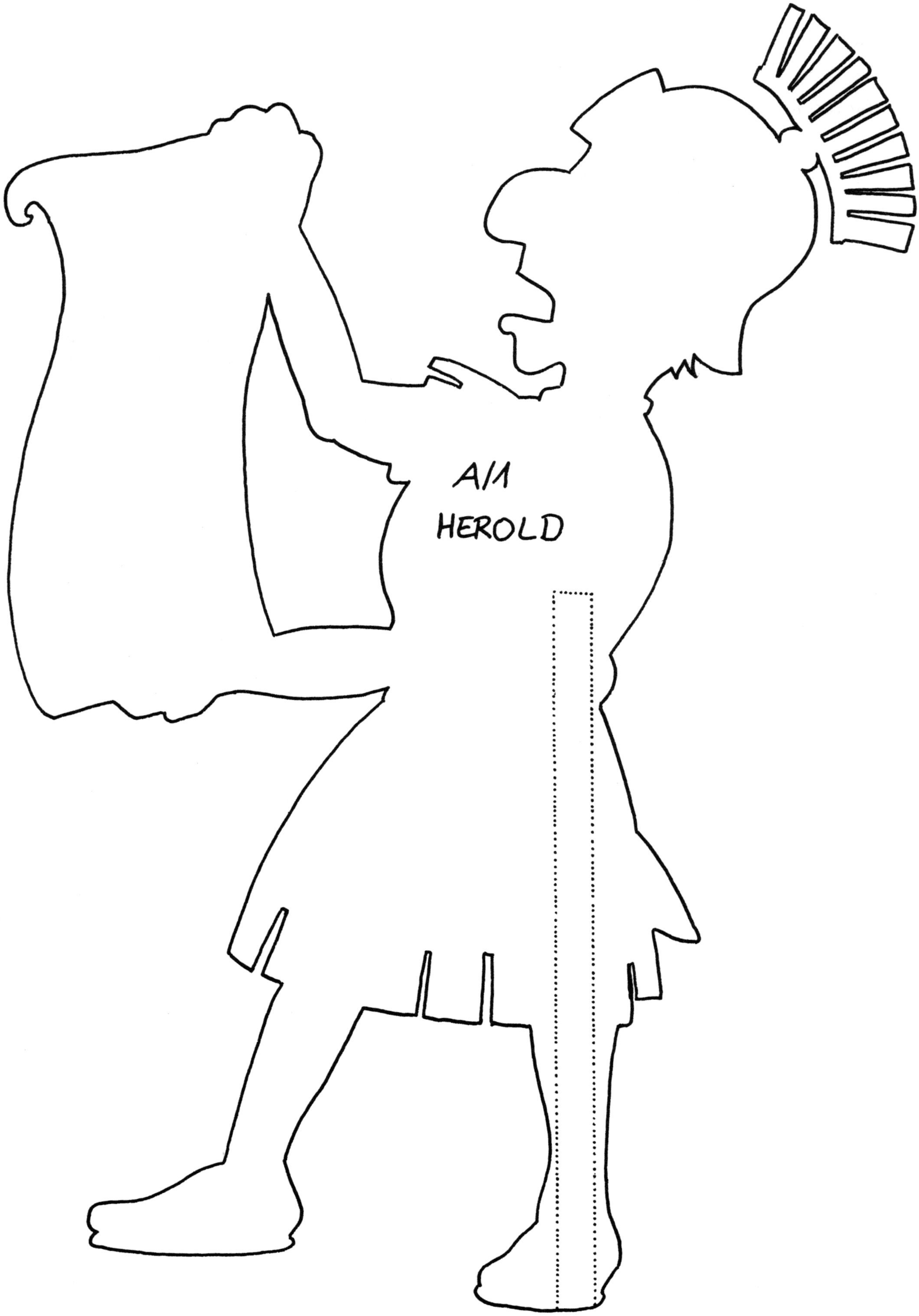
A/1
HEROLD

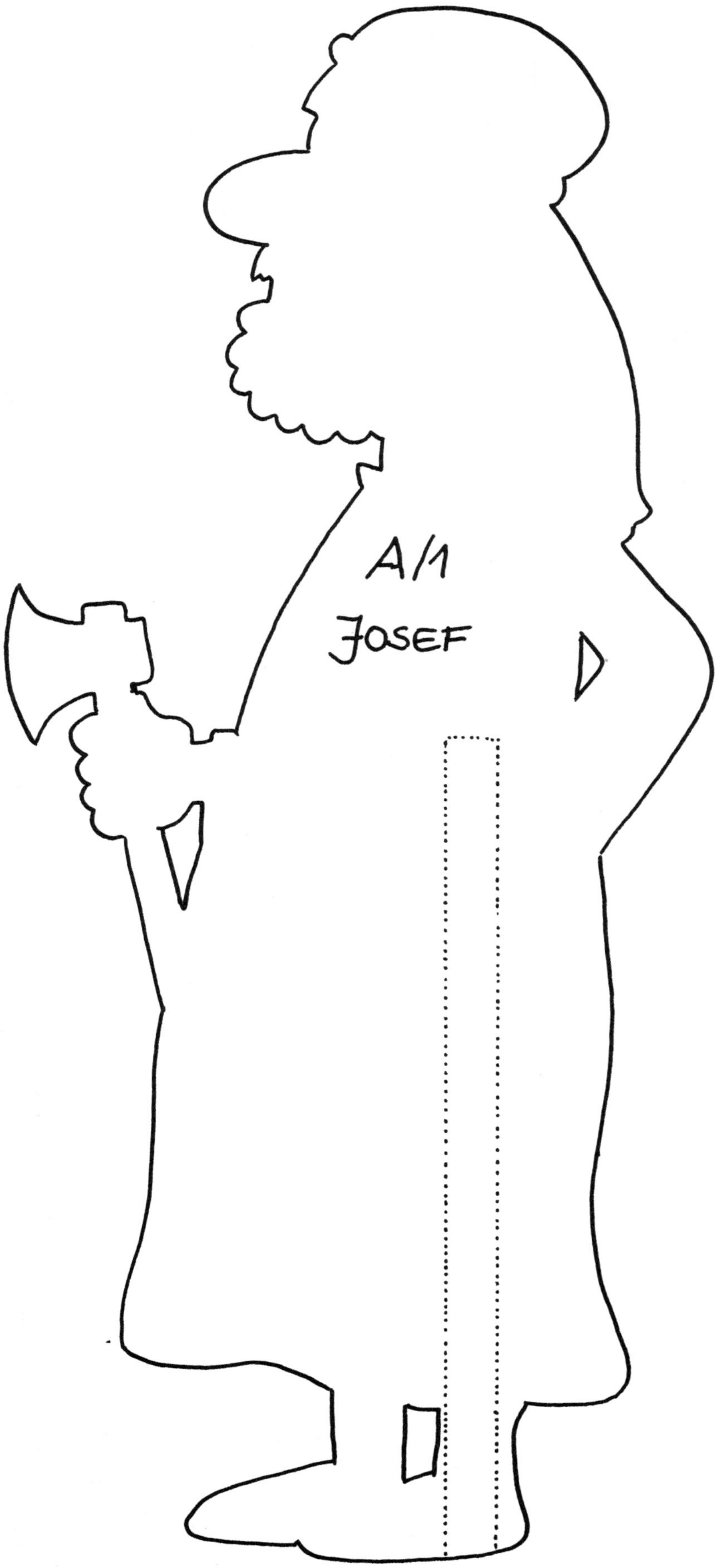
A/1
JOSEF

A/2
HAUS

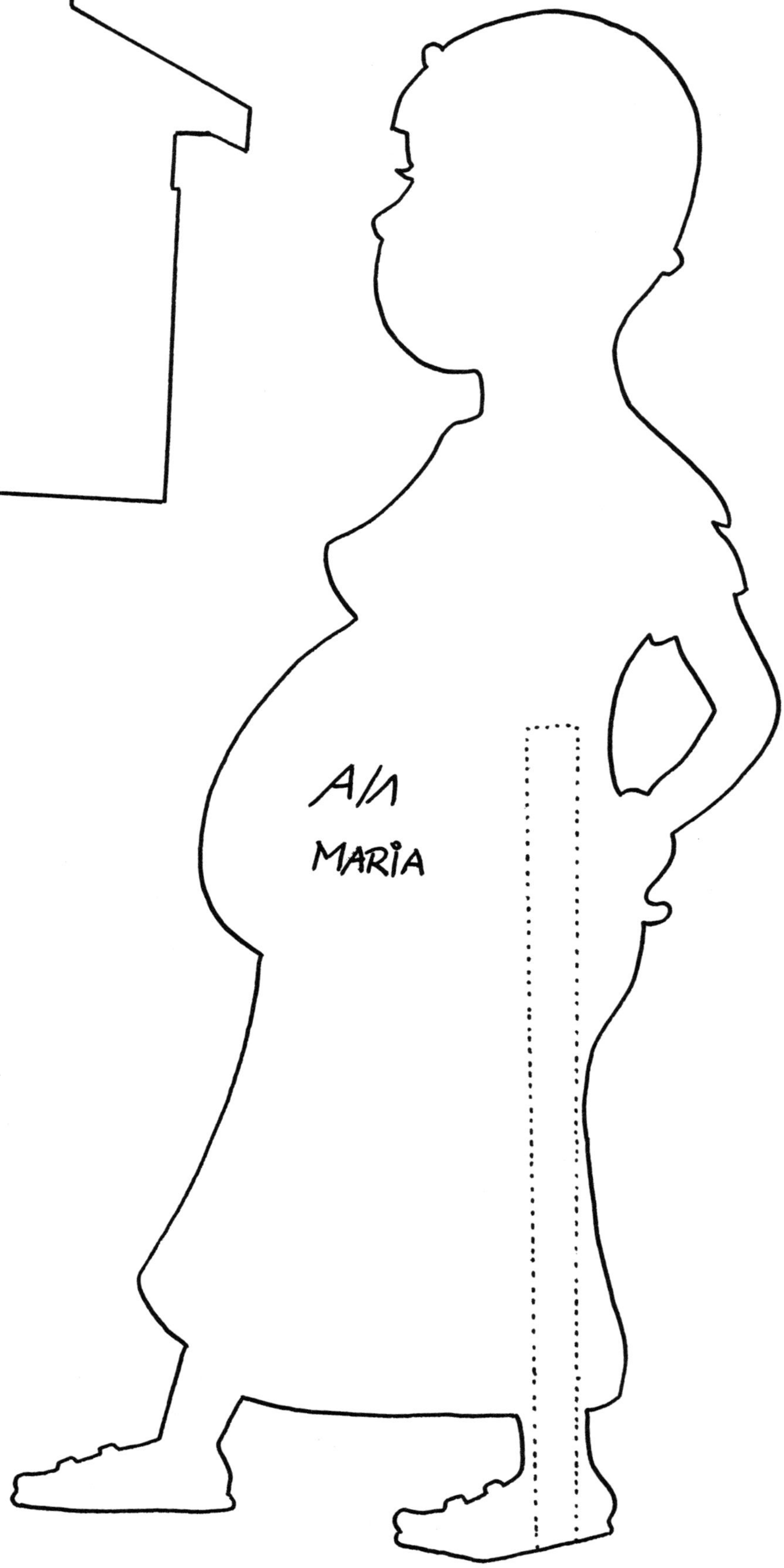
A/1
MARIA

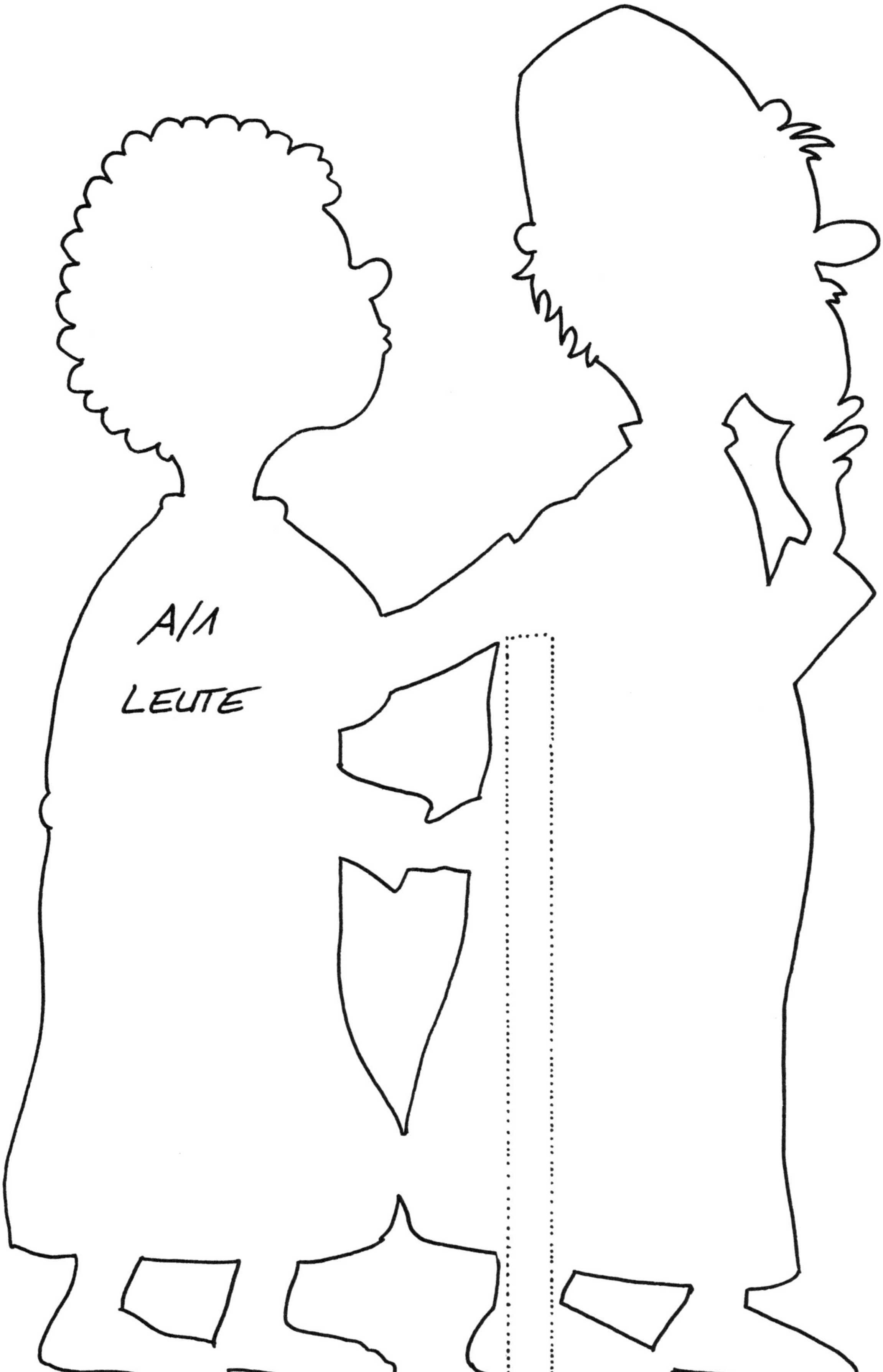
A/1
LEUTE

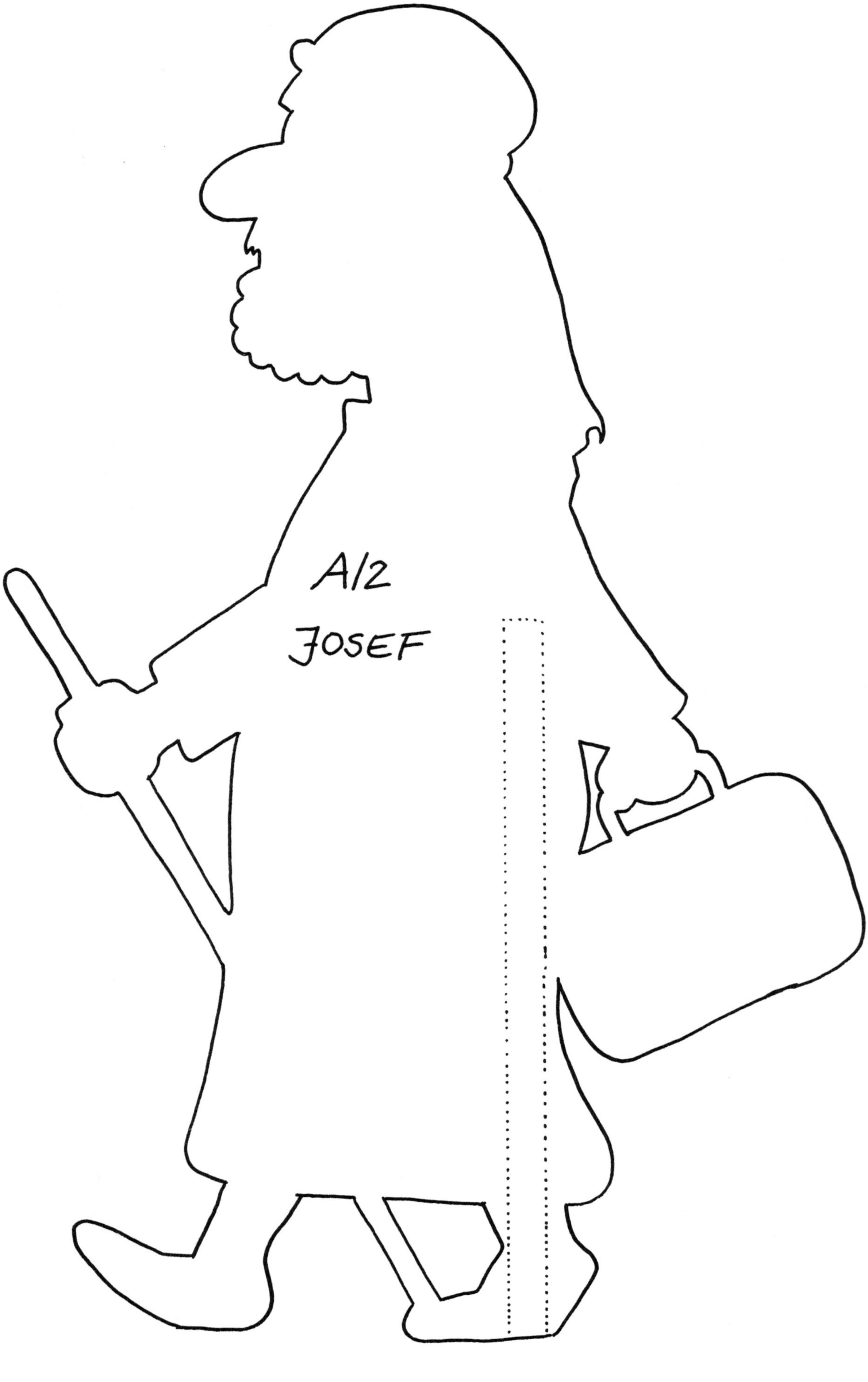

A/2
JOSEF

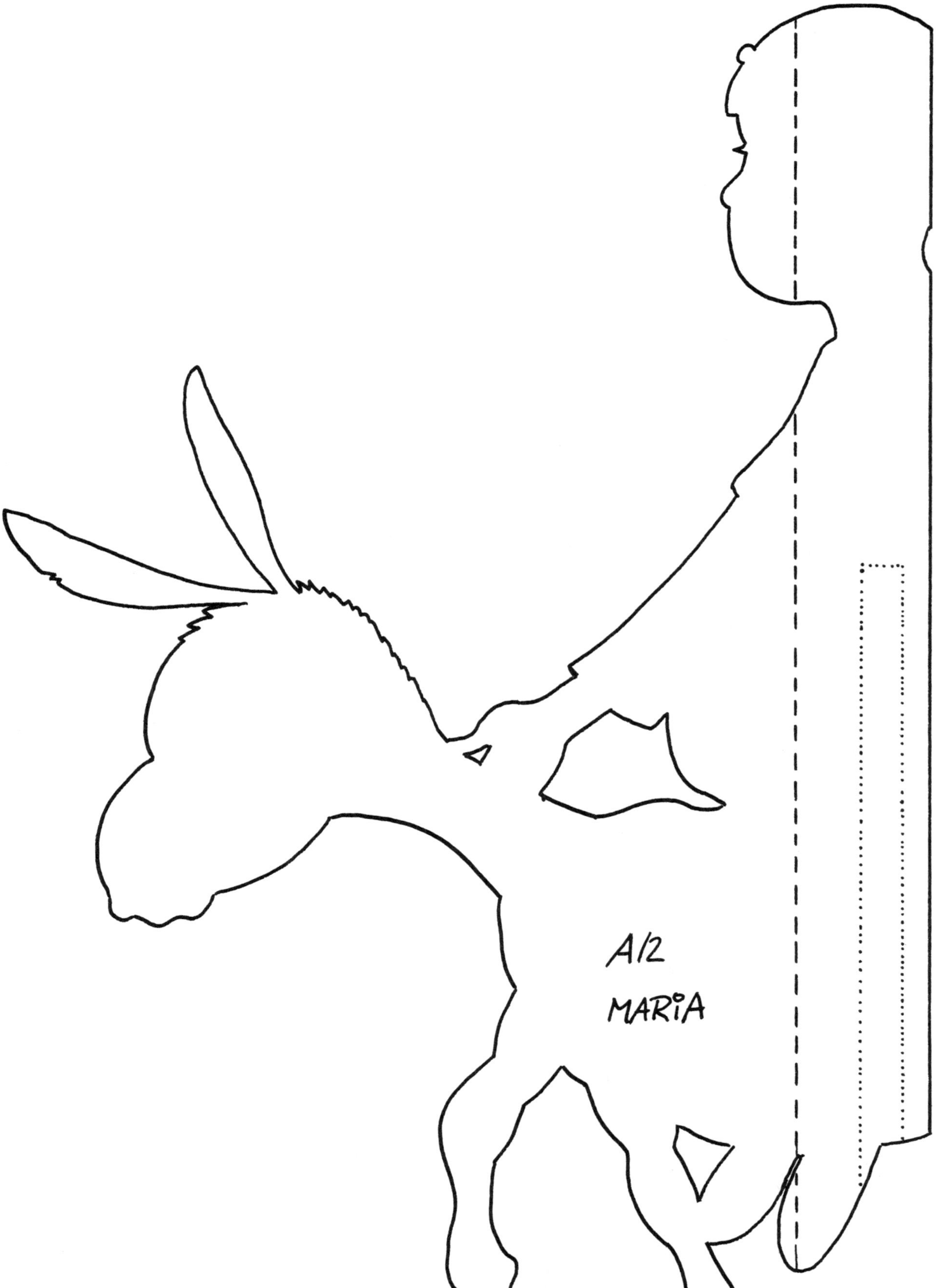
A/2
MARiA

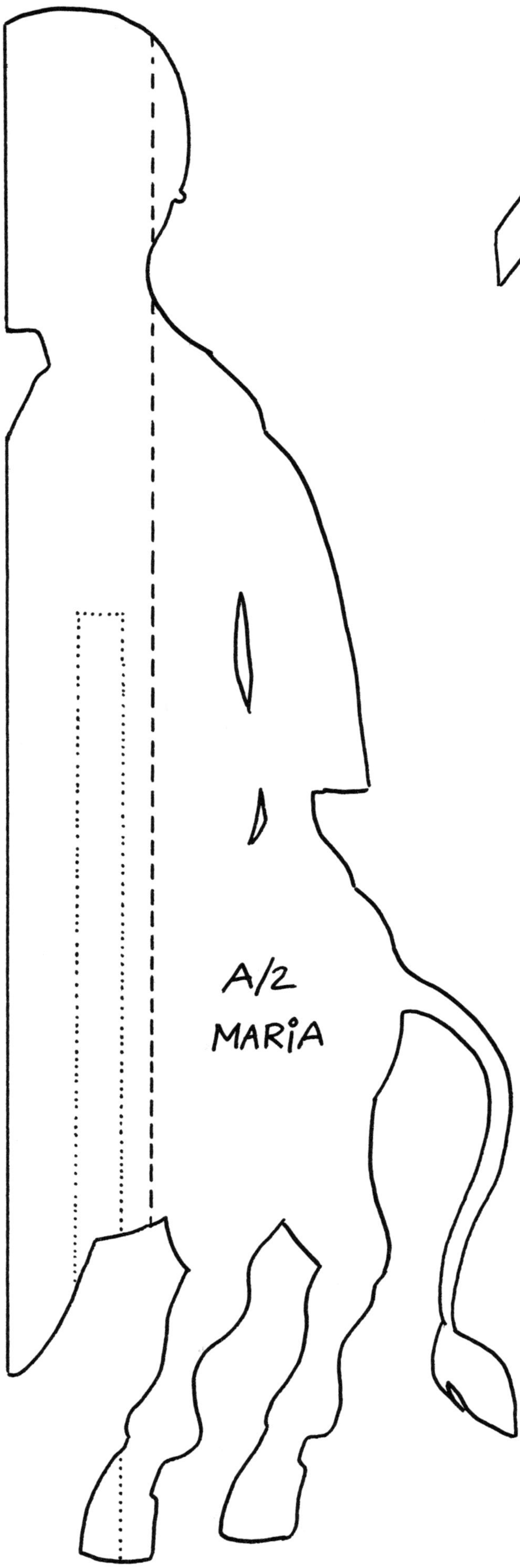
A/2
MARiA

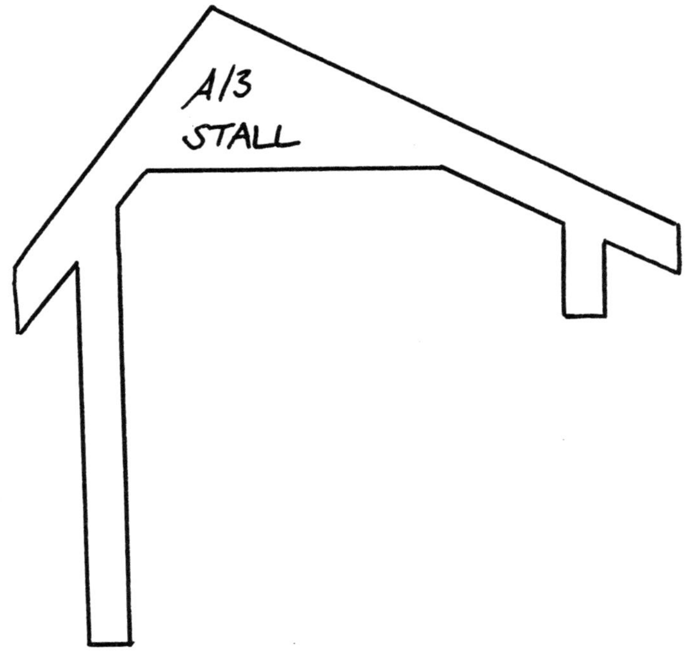
A/3
STALL

A/2 HAUS

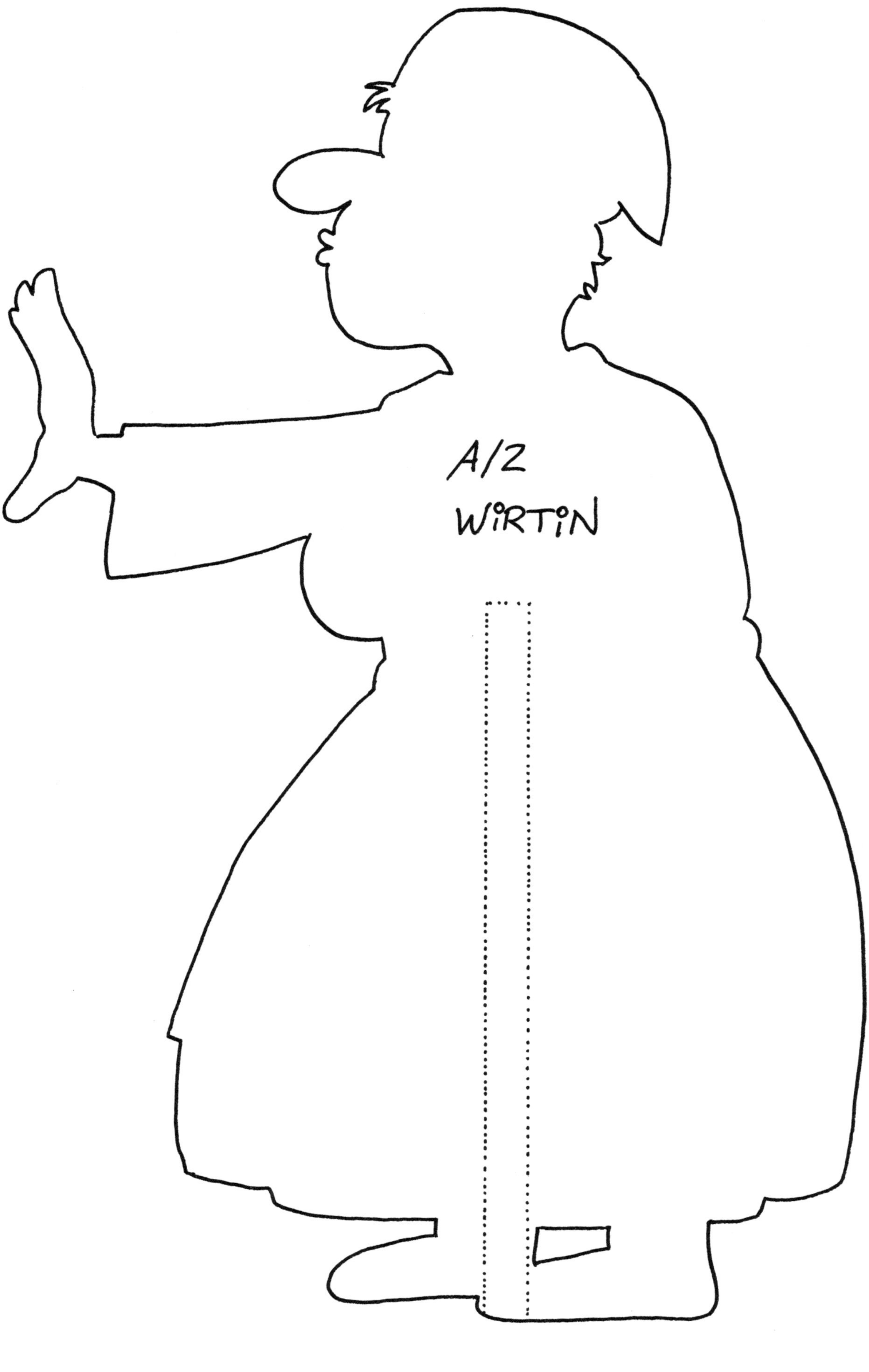
A/2
WIRTIN

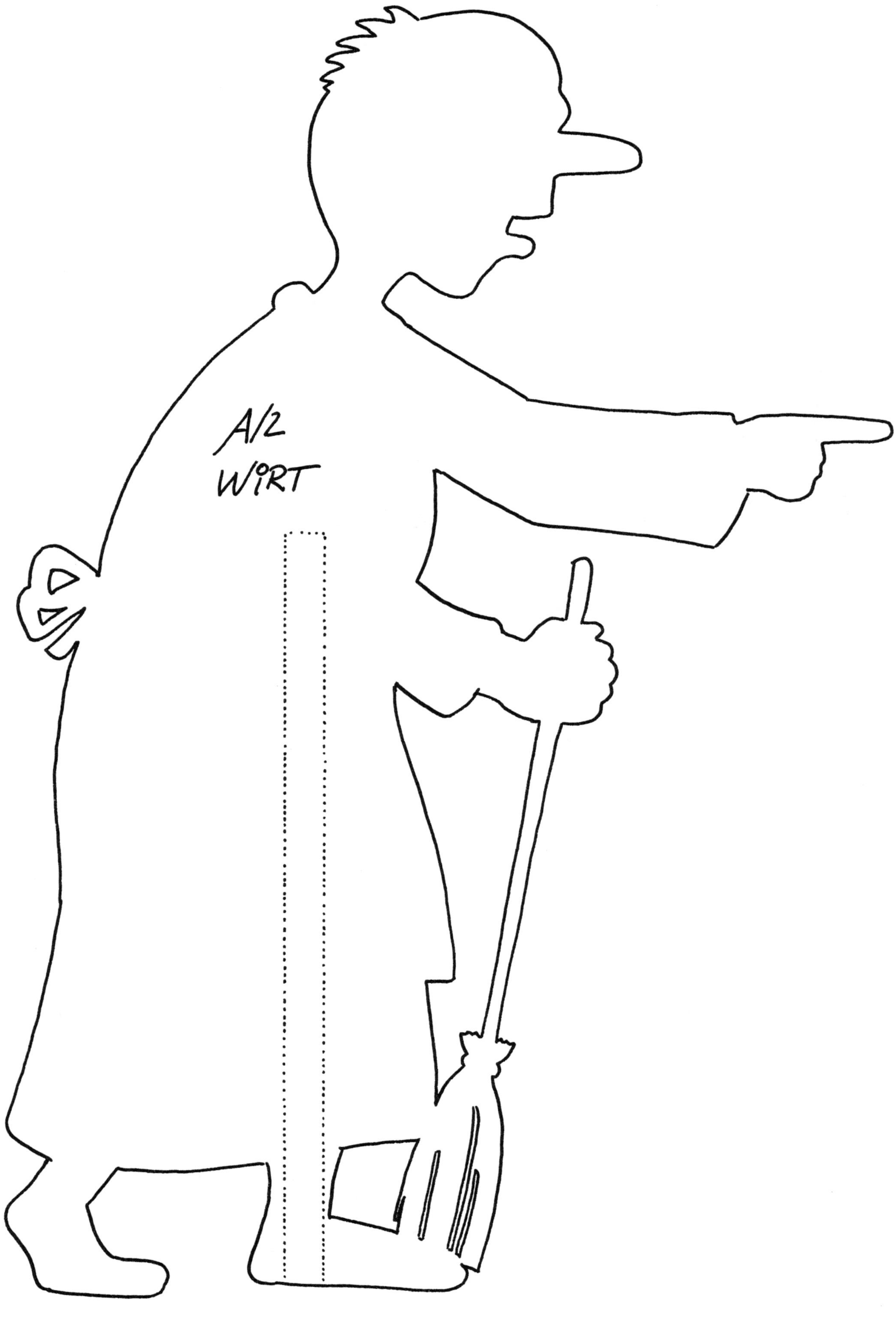
A/2
WIRT

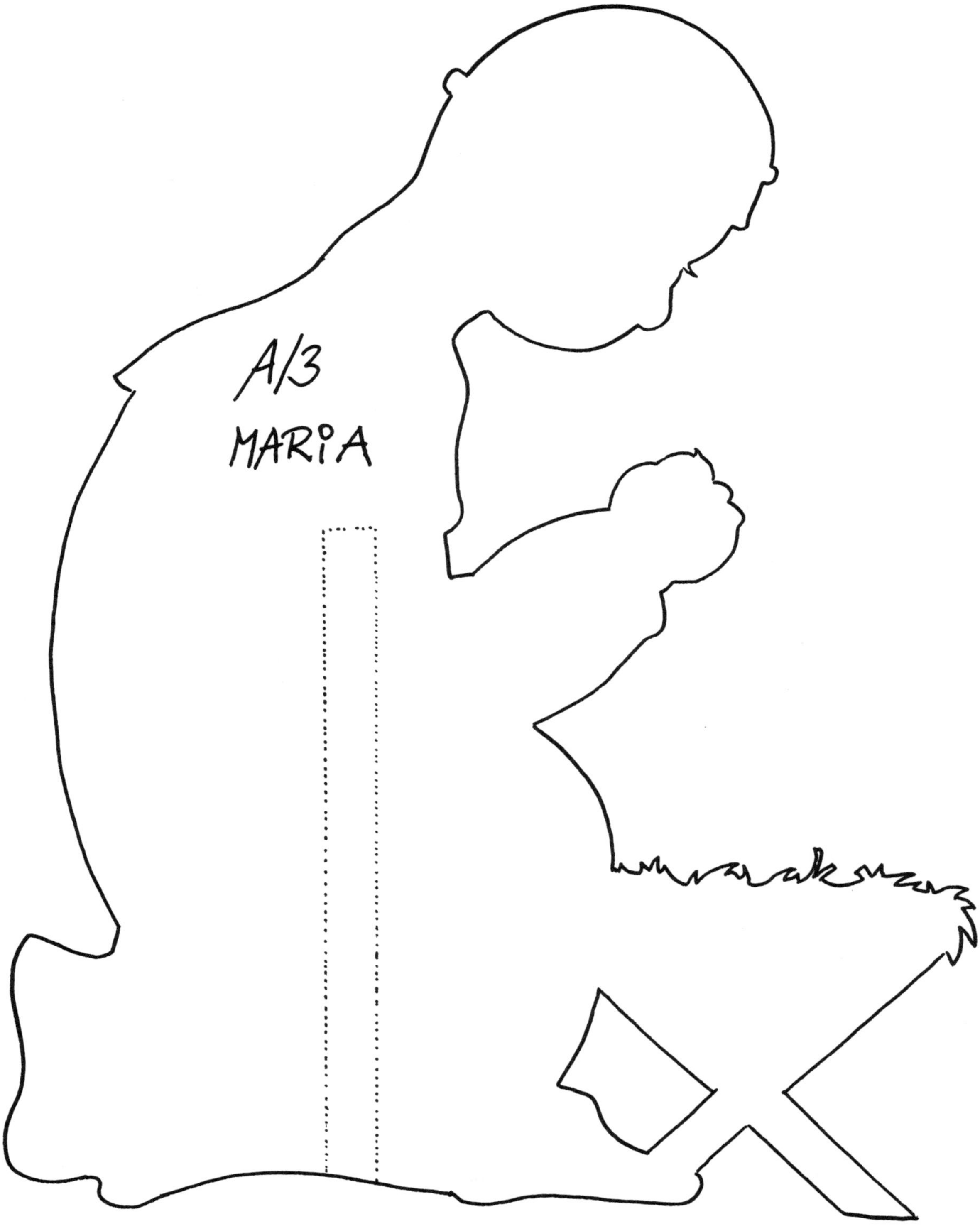
A/3
MARIA

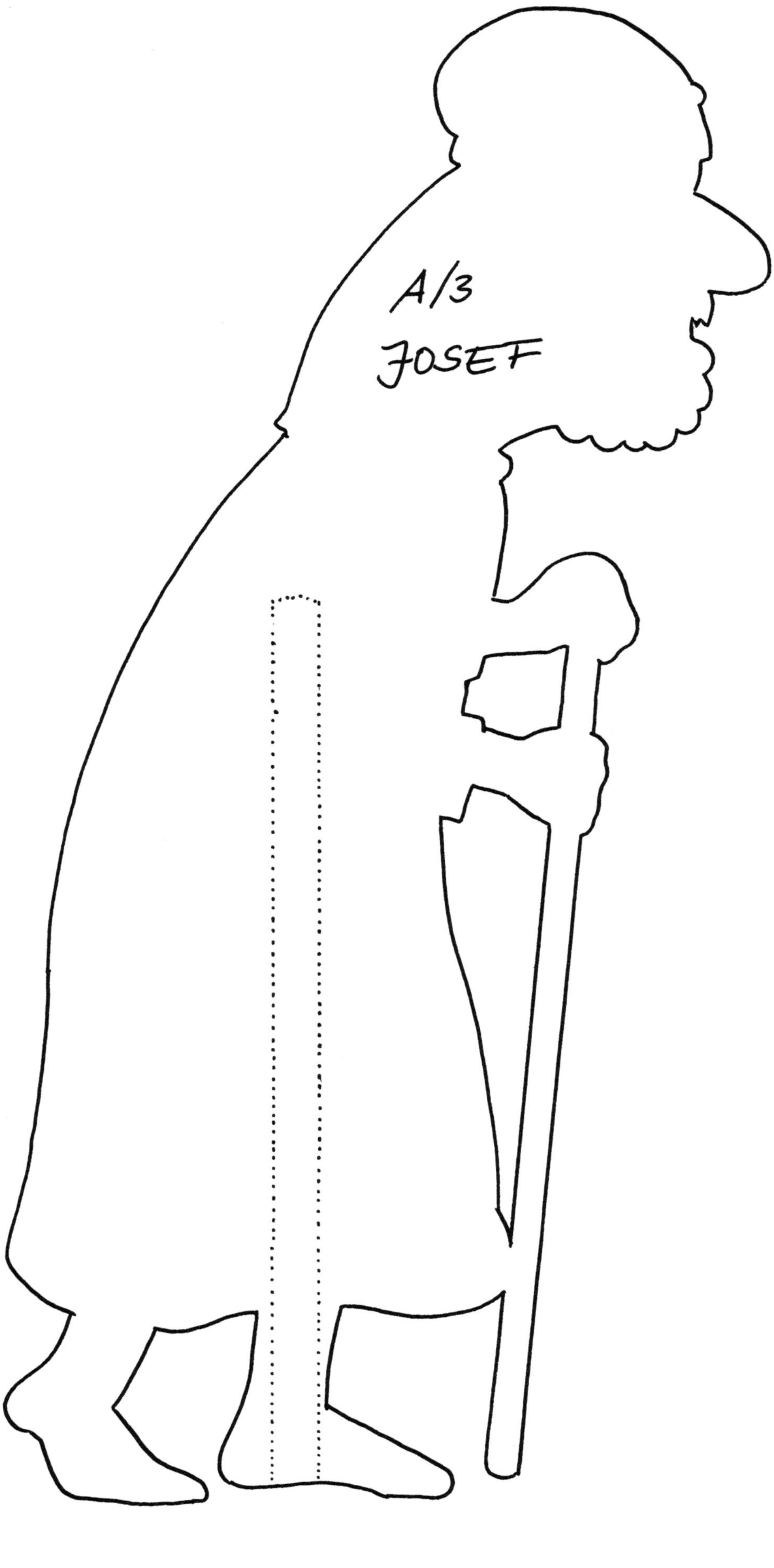
A/3
JOSEF

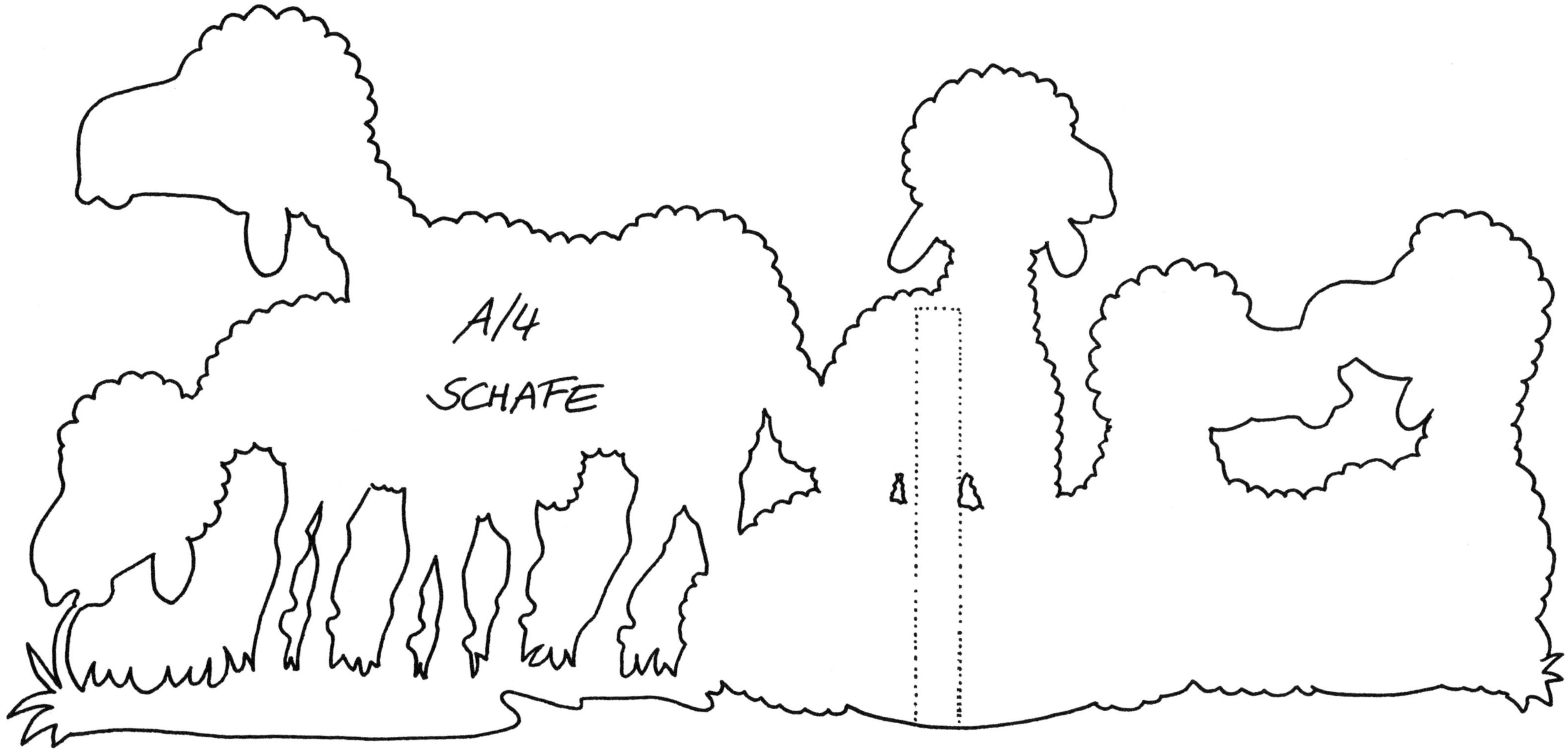
A/4
SCHAFE

A/4a
HIRTEN AM FEUER

A/4
ENGEL

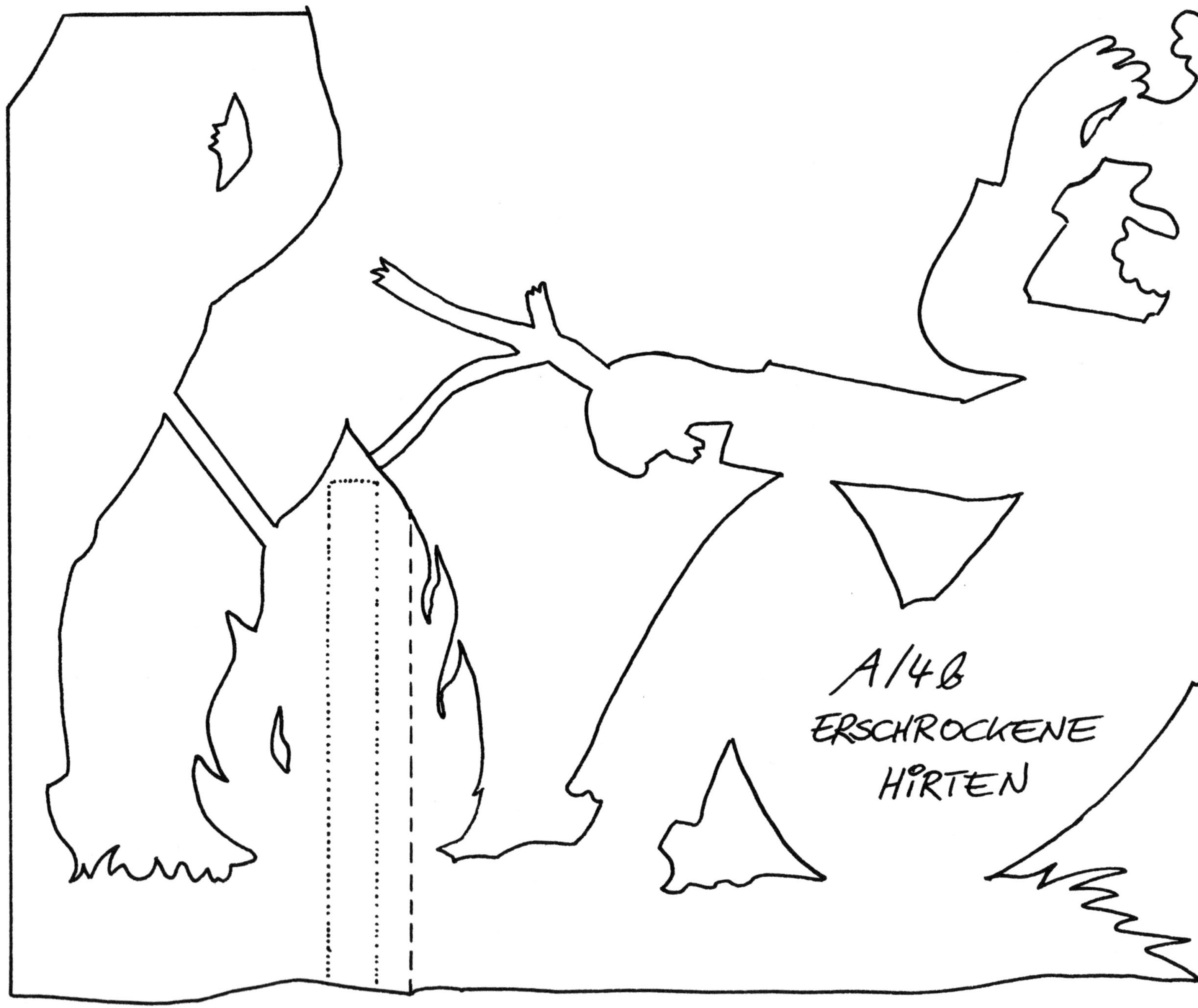
A/4B
ERSCHROCKENE
HIRTEN

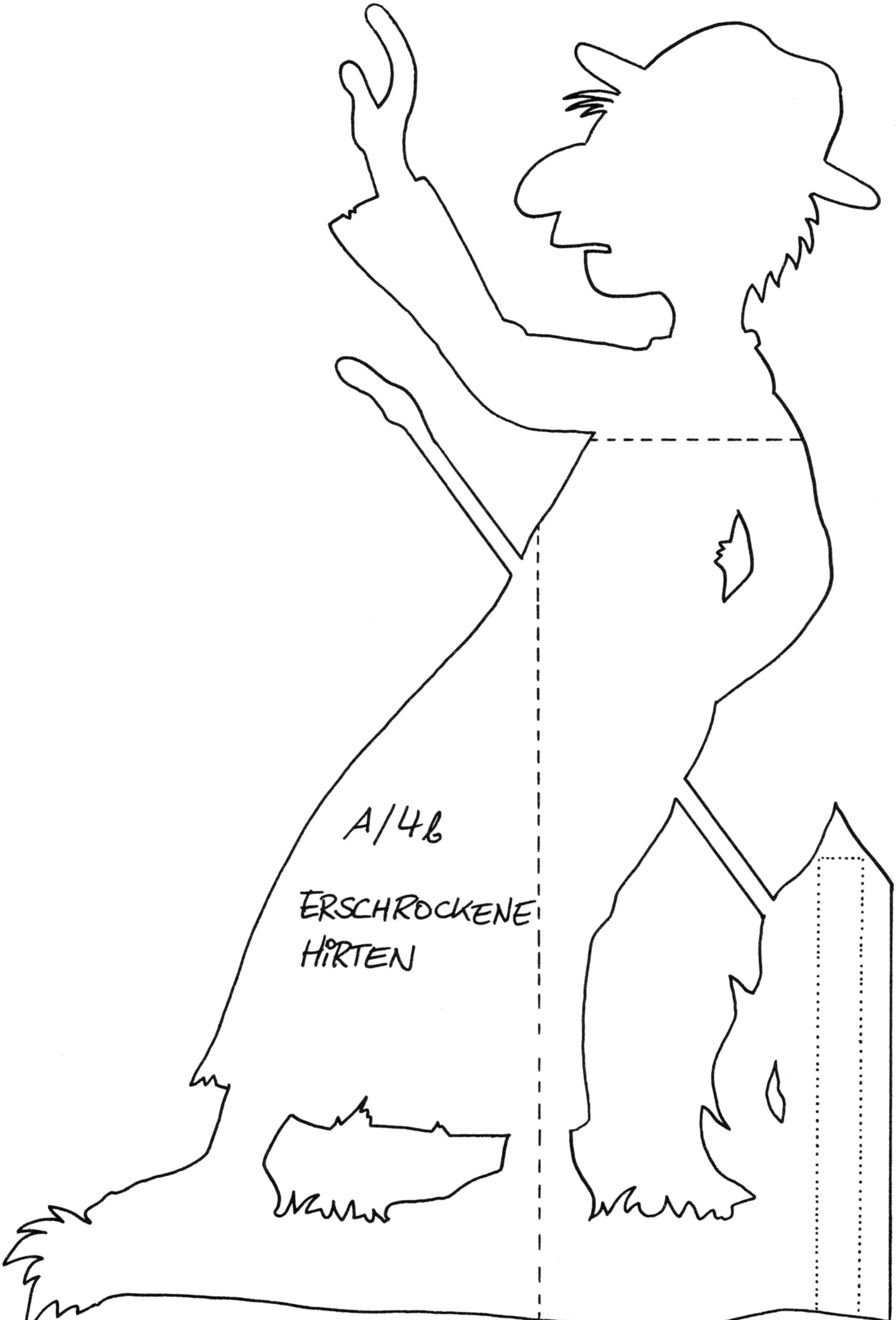
A/4b
ERSCHROCKENE
HIRTEN

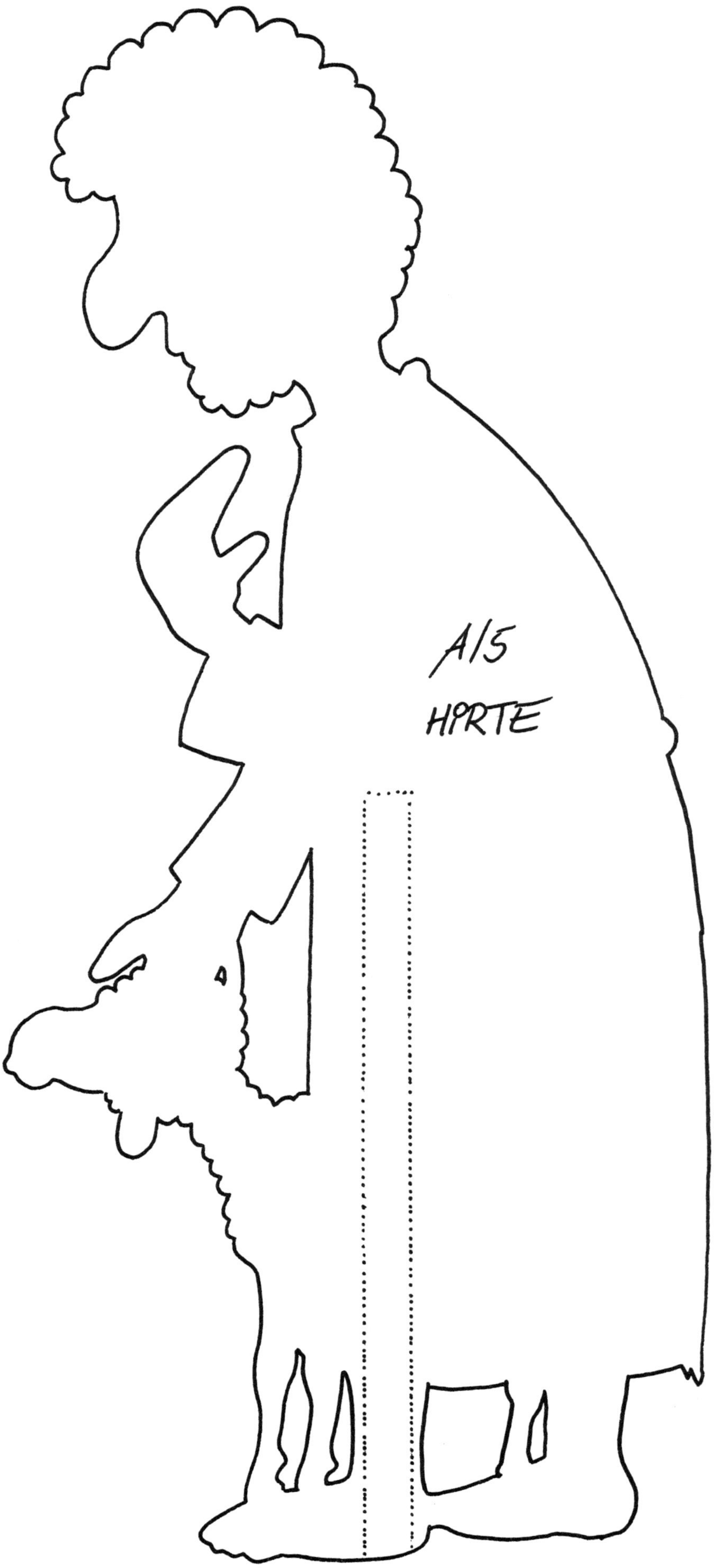
A/5
HIRTE

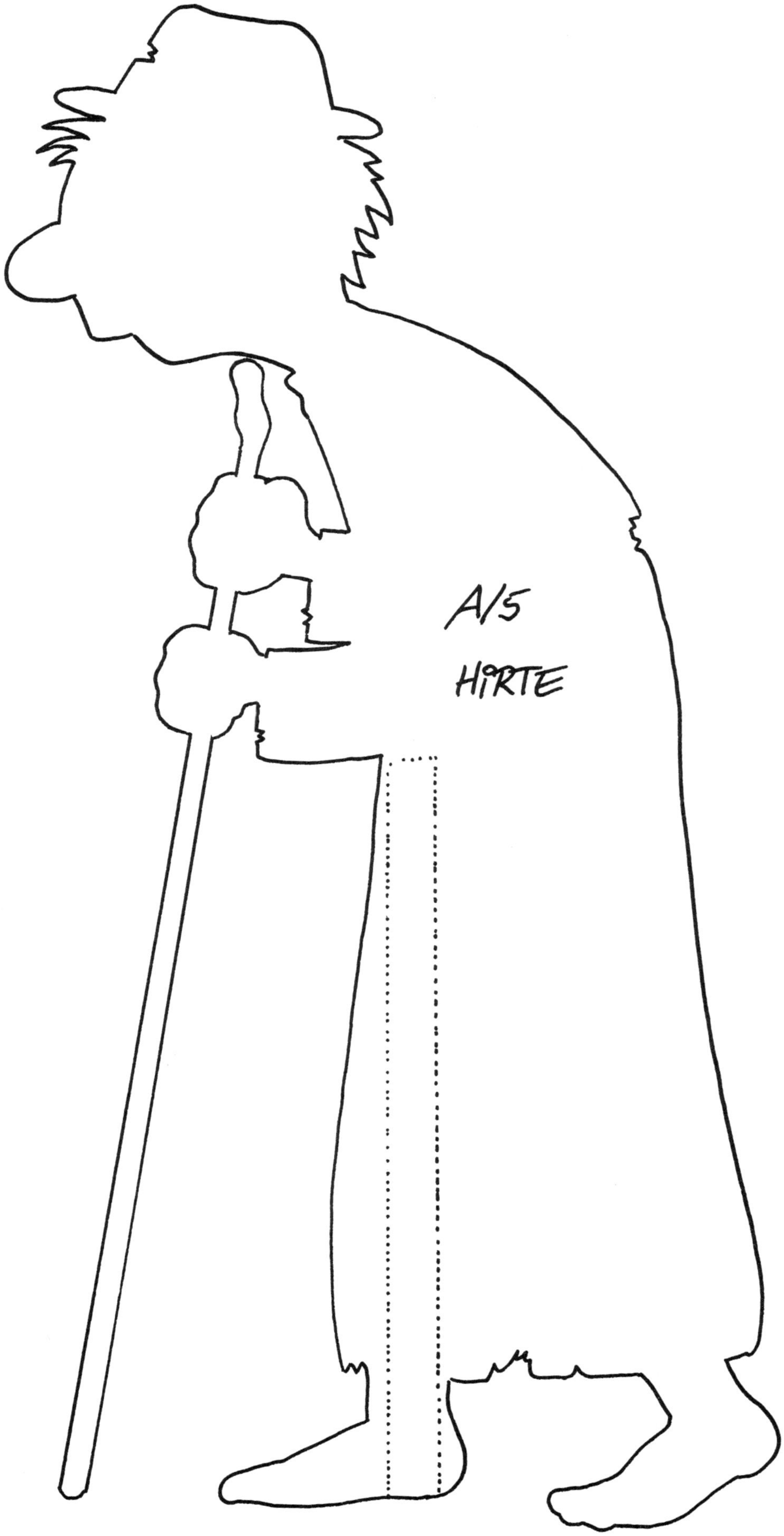
A/5
HiRTE

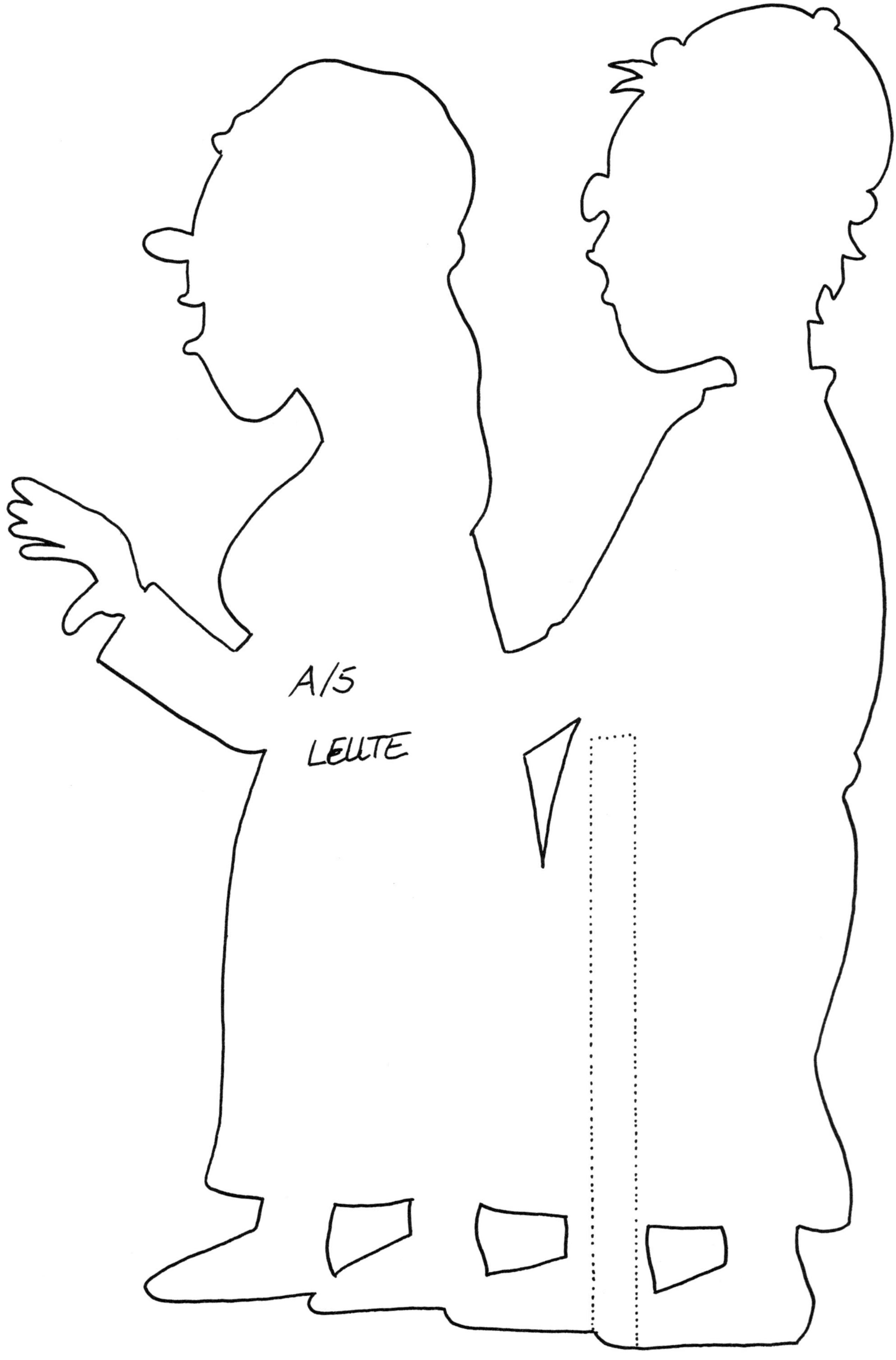
A/5
LEUTE

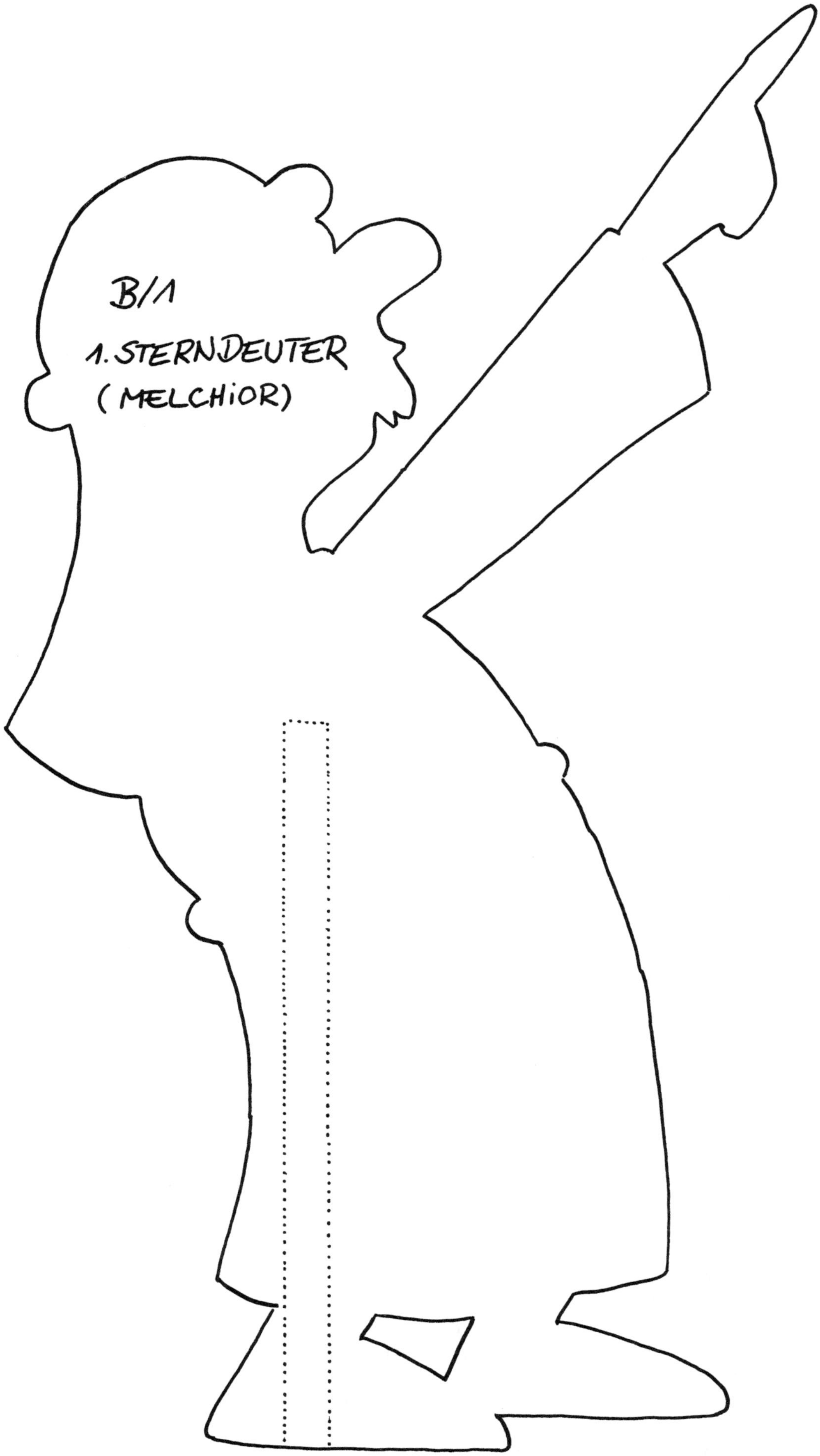
B/1
1. STERNDEUTER
(MELCHIOR)

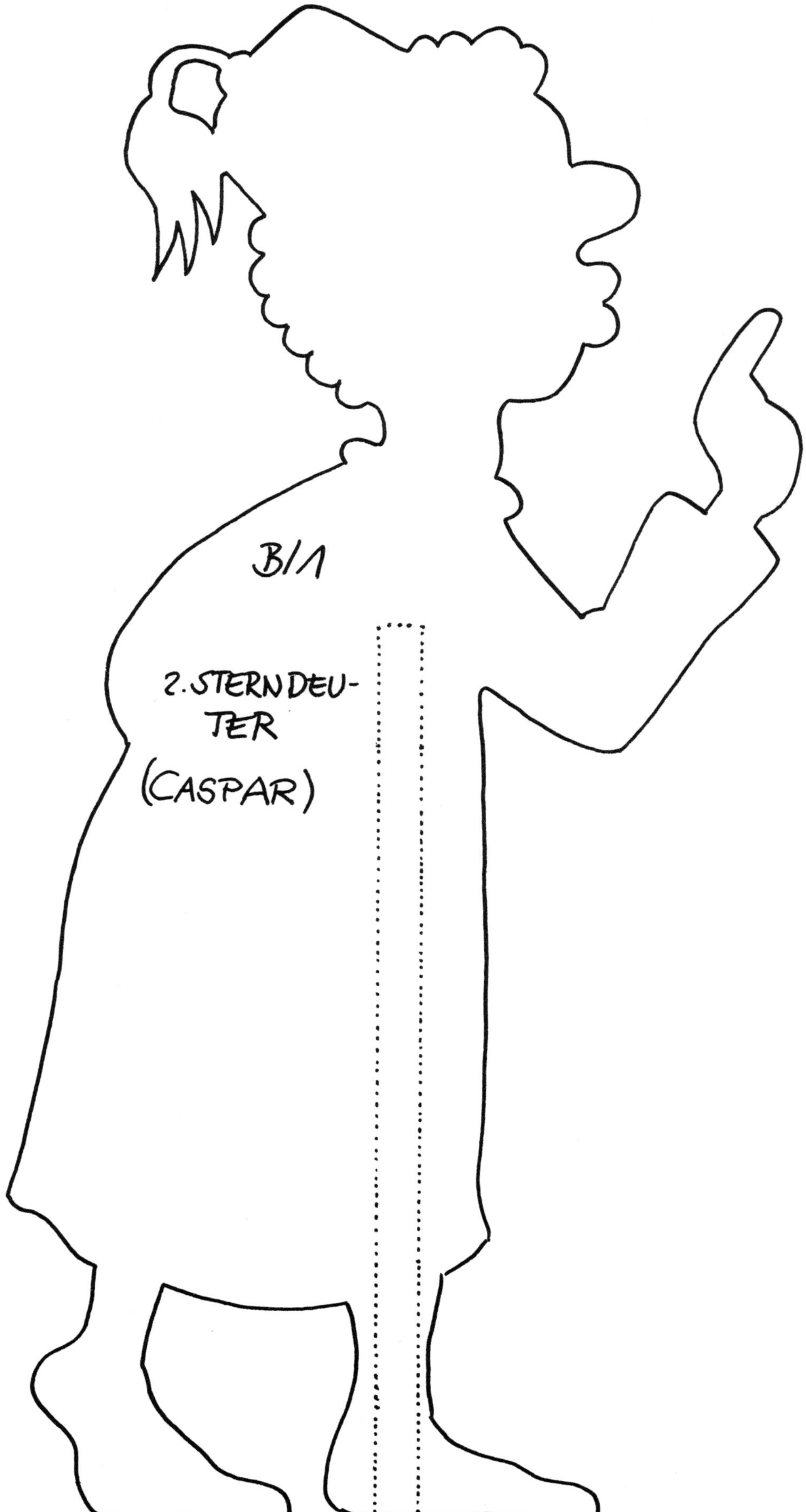
B/1
2. STERNDEU-
TER
(CASPAR)

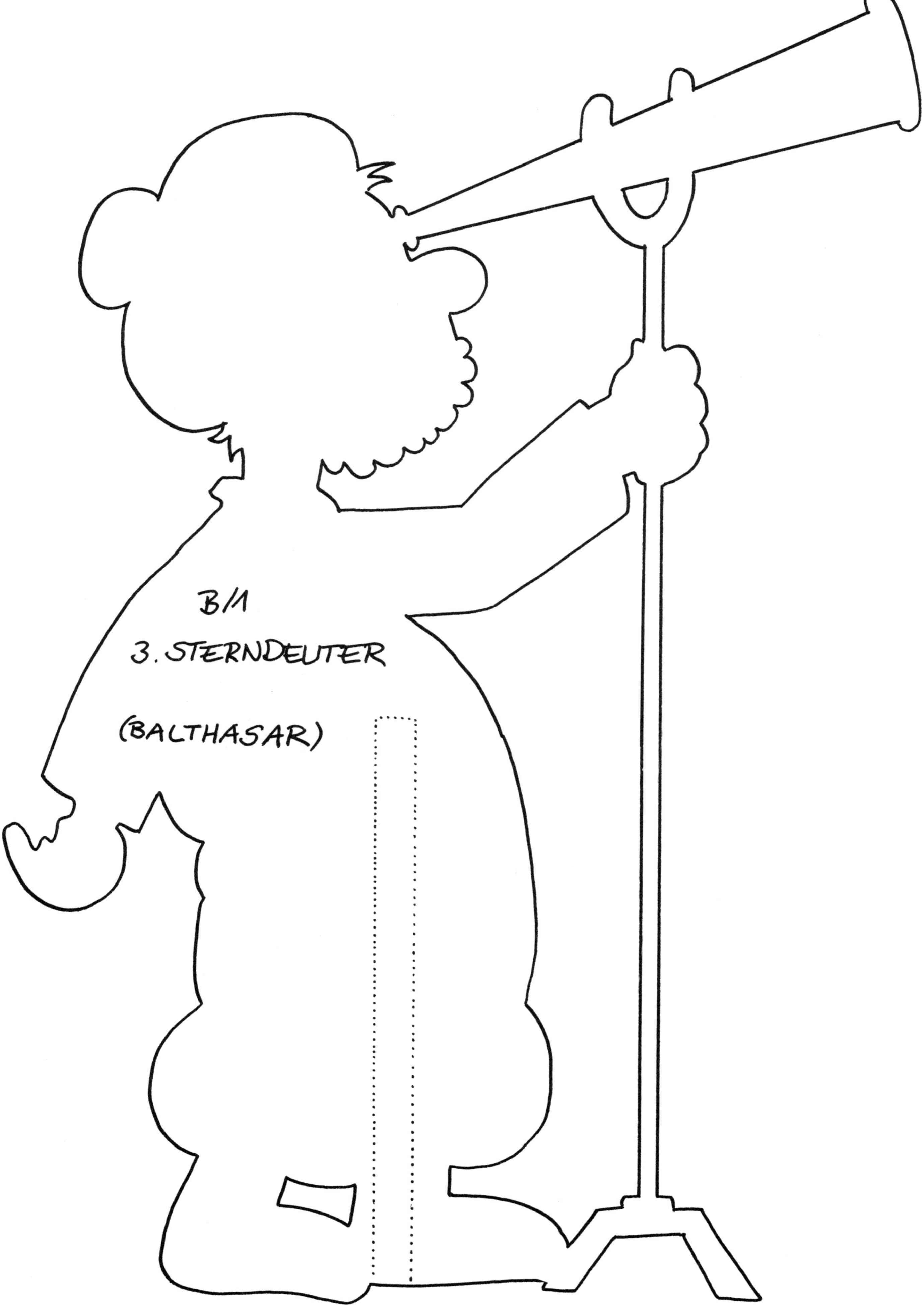
B/1
3. STERNDEUTER
(BALTHASAR)

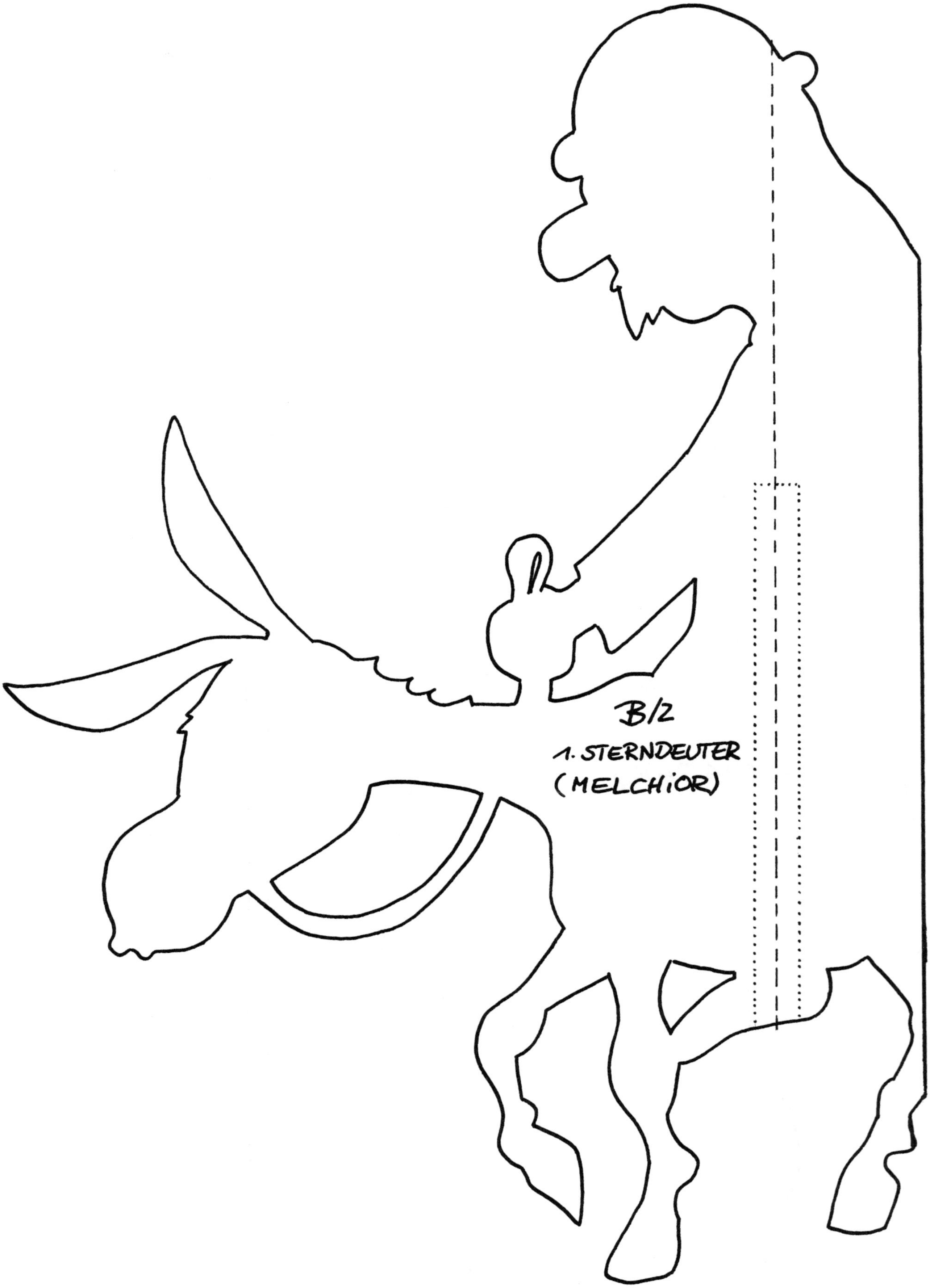
B/2
1. STERNDEUTER
(MELCHIOR)

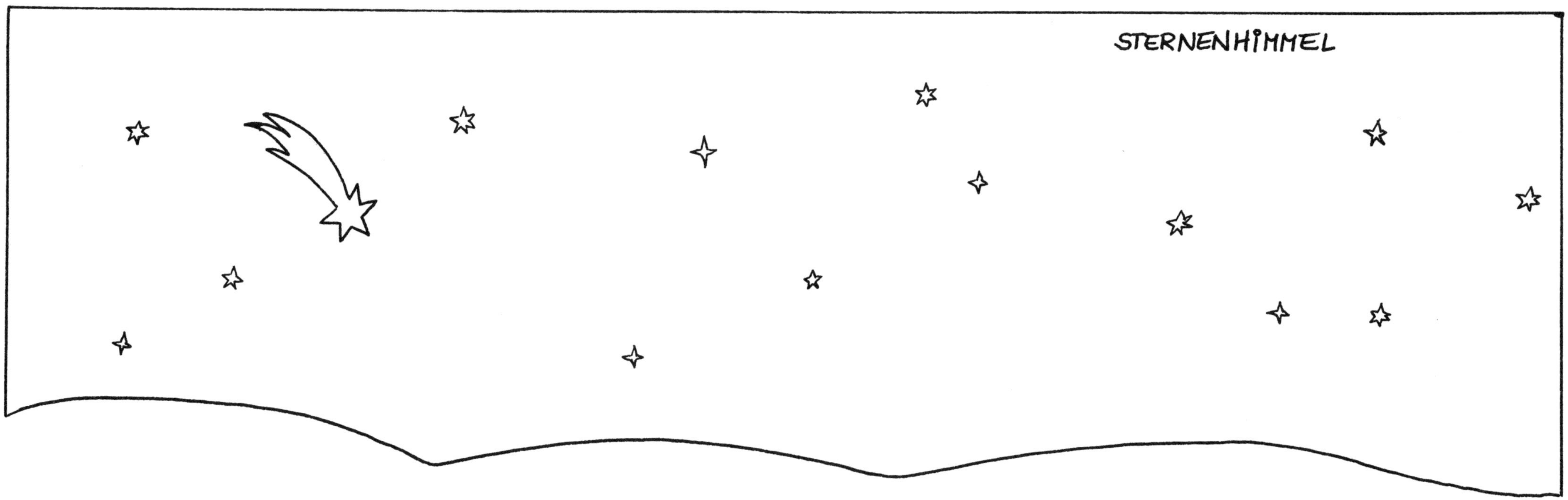
STERNENHIMMEL

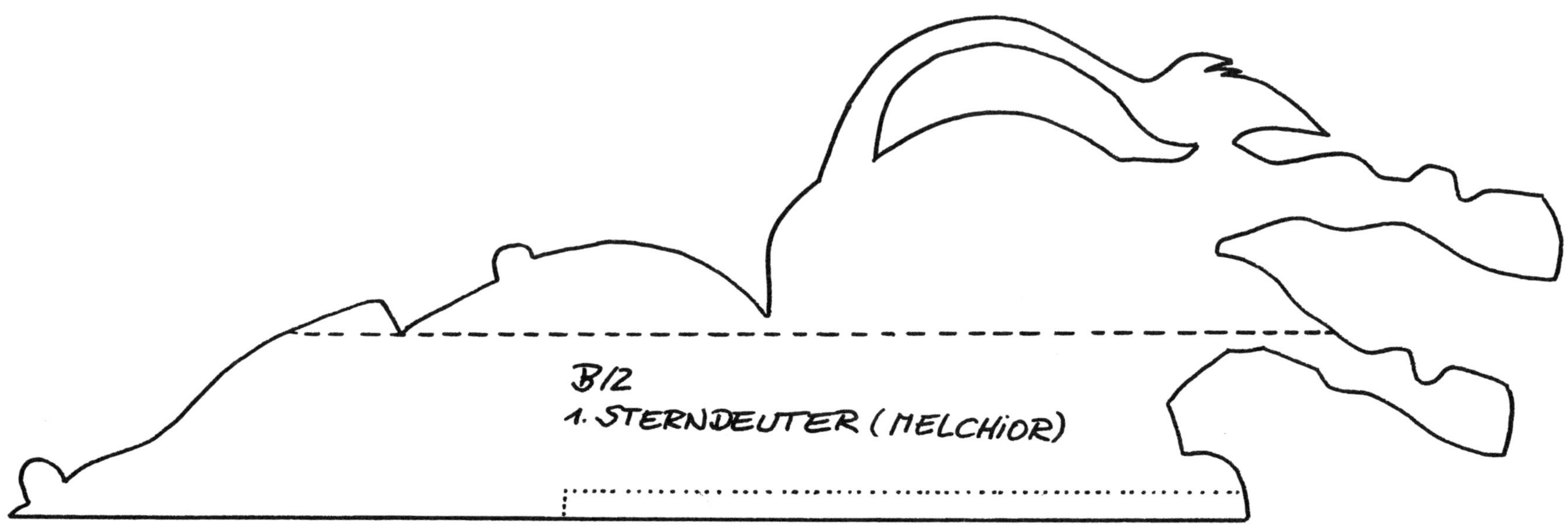
B/2
1. STERNDEUTER (MELCHIOR)

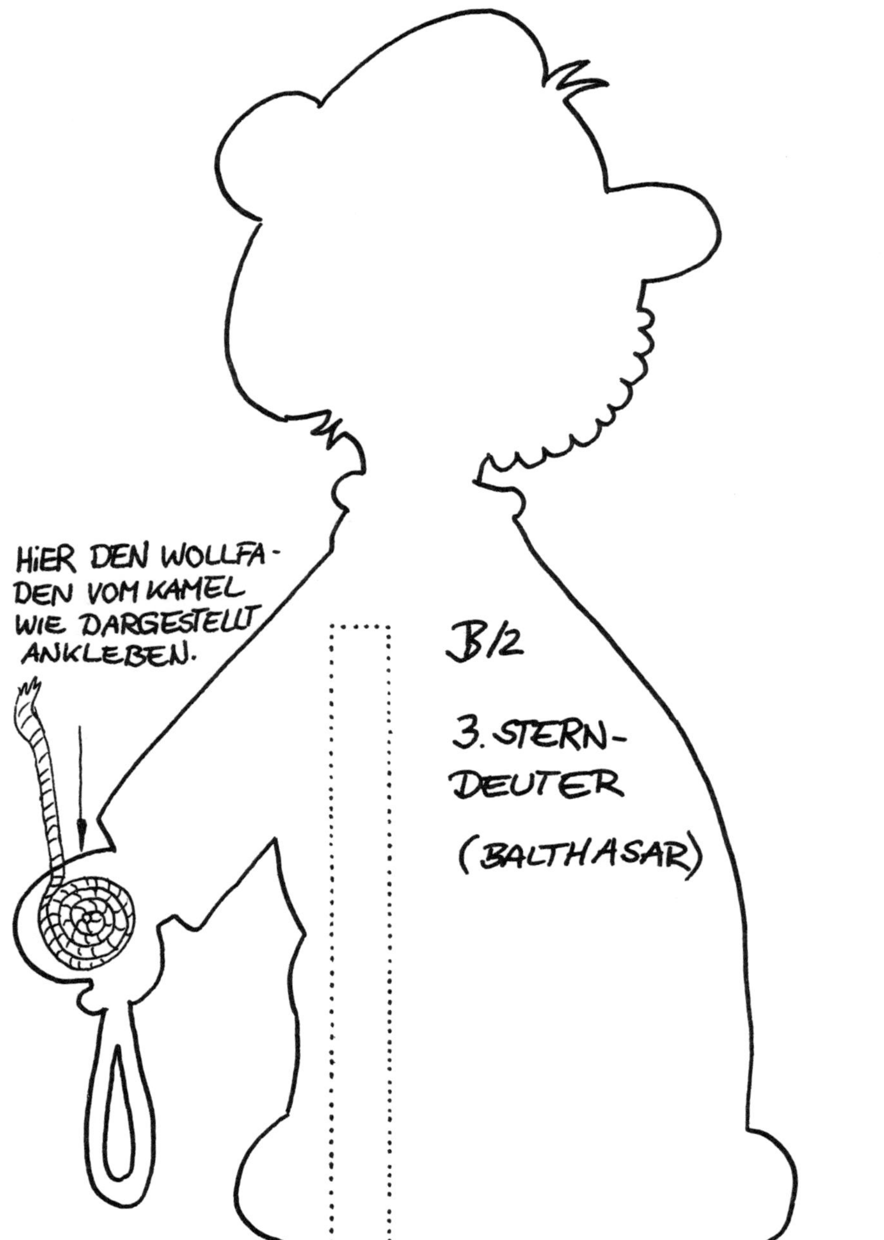

HIER DEN WOLLFA-
DEN VOM KAMEL
WIE DARGESTELLT
ANKLEBEN.
B/2
3. STERN-
DEUTER
(BALTHASAR)

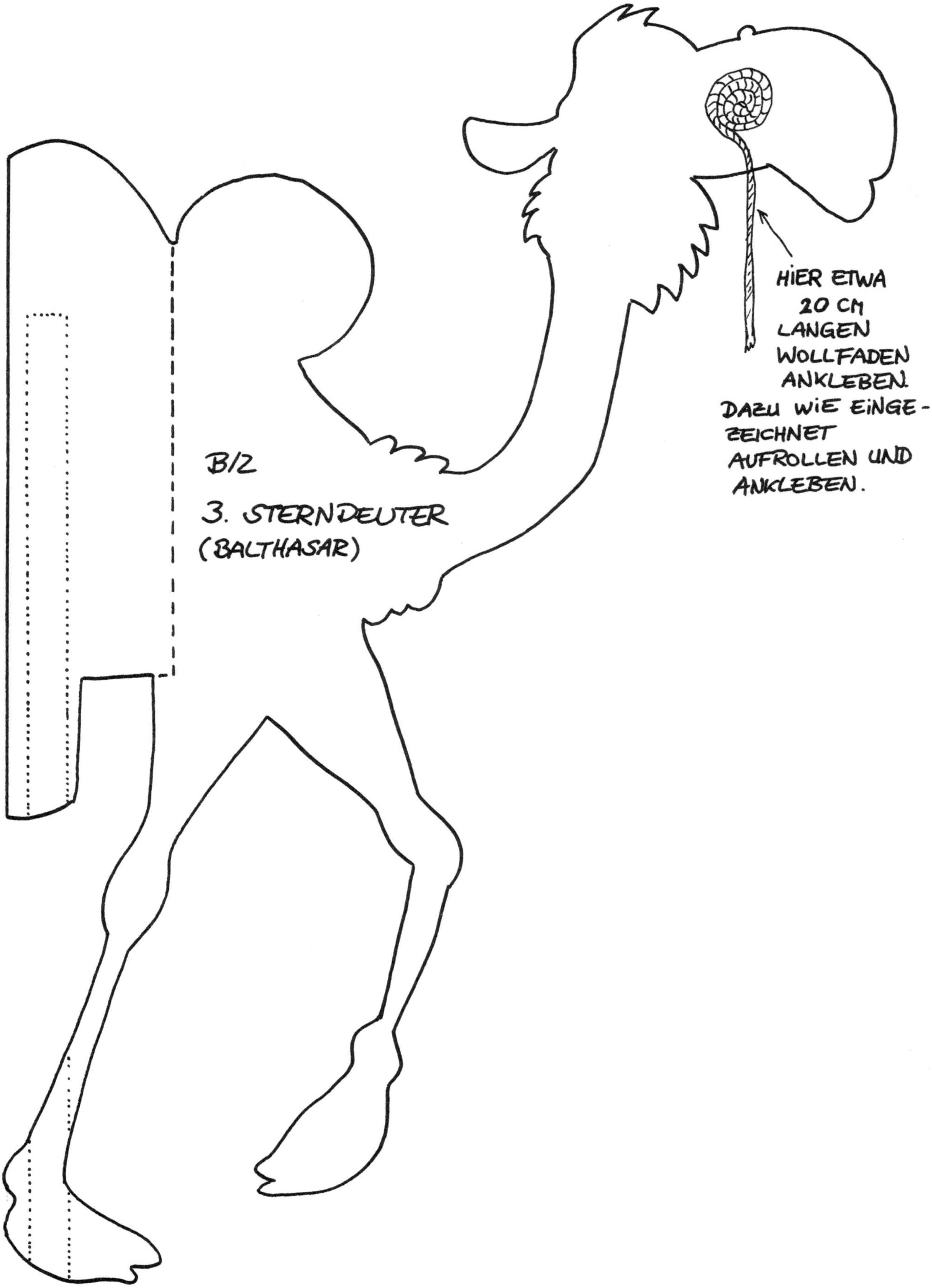
B/2
3. STERNDEUTER
(BALTHASAR)
HIER ETWA 20 CM LANGEN WOLLFADEN ANKLEBEN.
DAZU WIE EINGEZEICHNET AUFROLLEN UND ANKLEBEN.

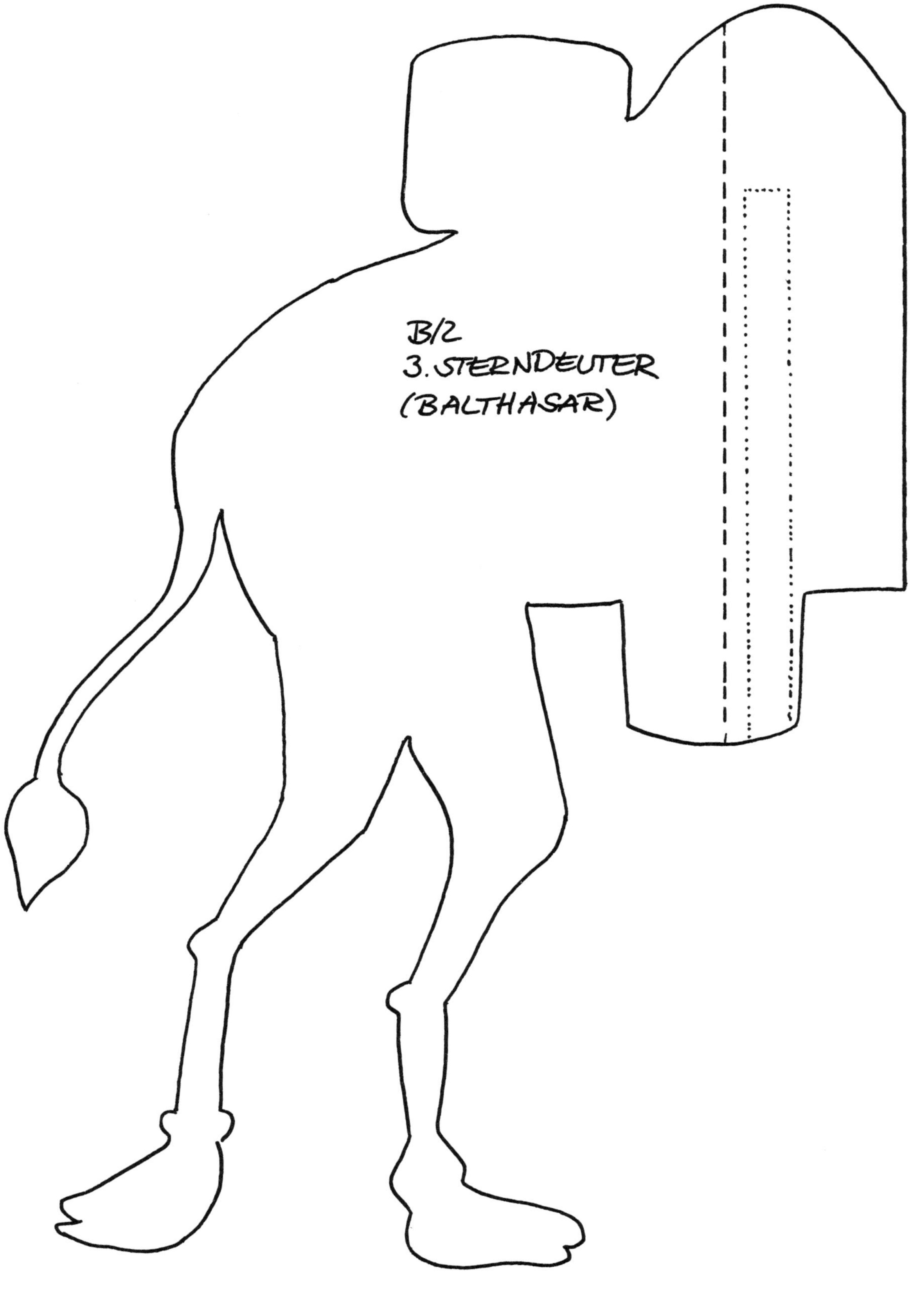
B/2
3. STERNDEUTER
(BALTHASAR)

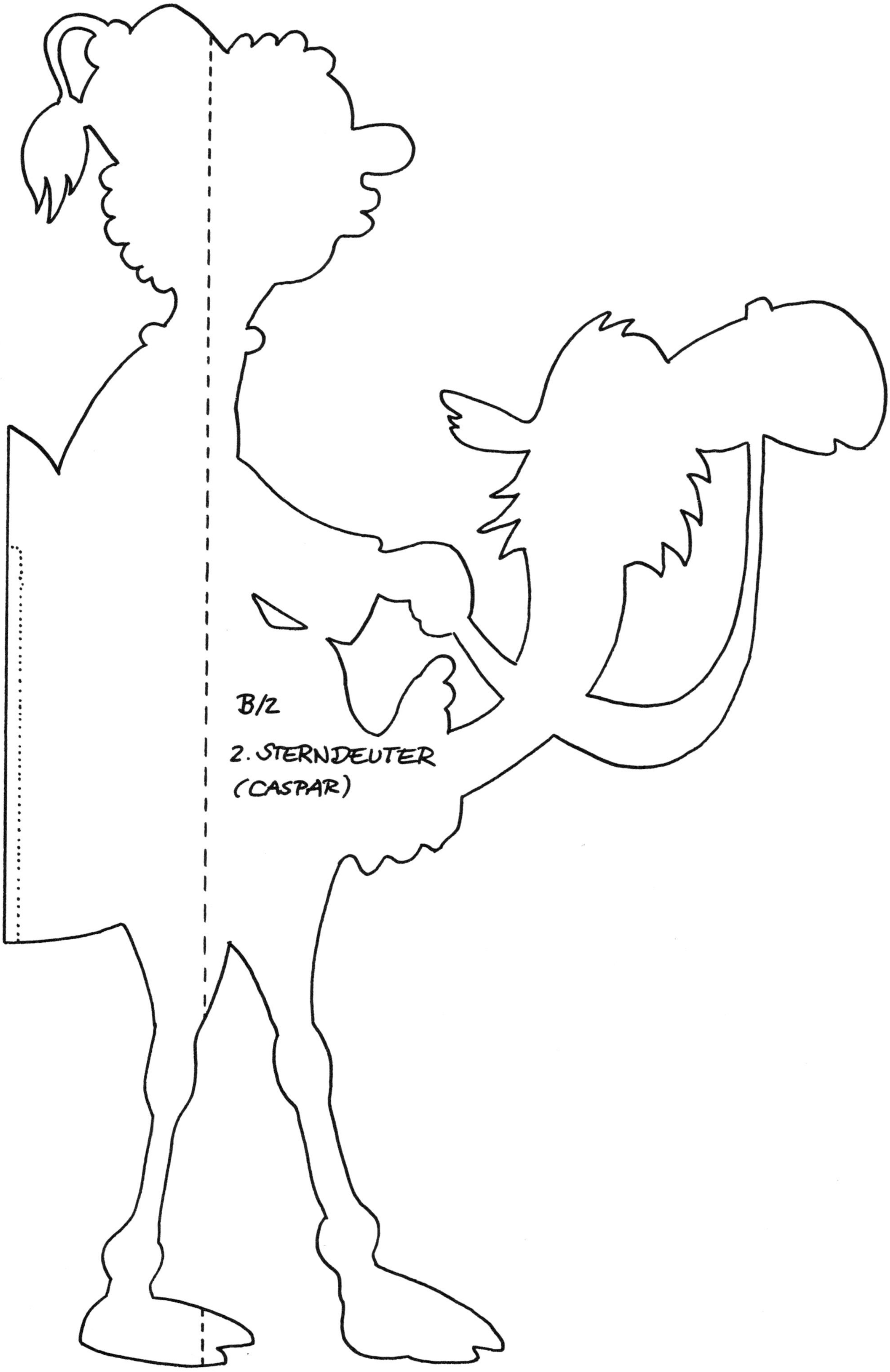
B/2
2. STERNDEUTER
(CASPAR)

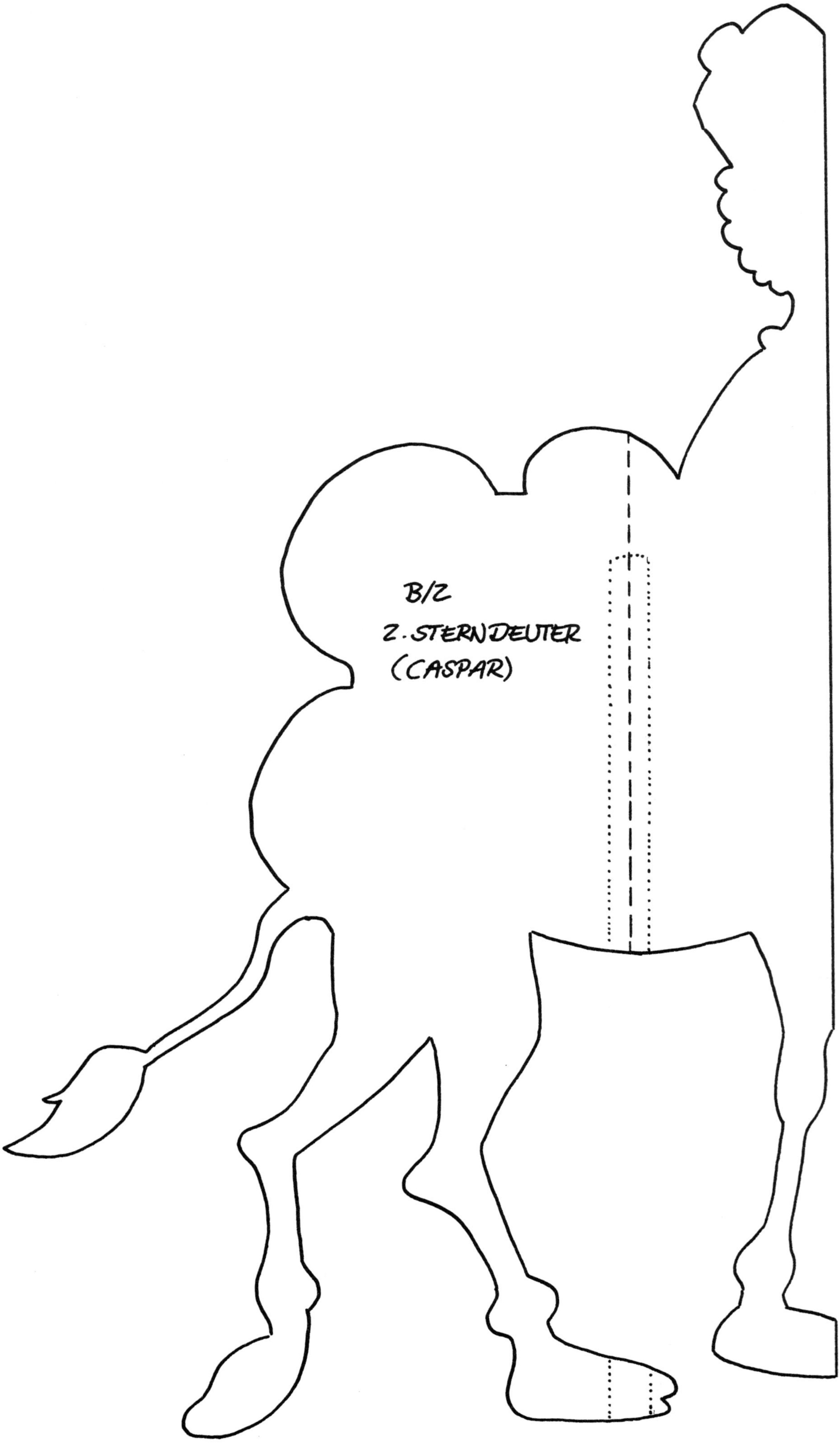
B/2
2. STERNDEUTER
(CASPAR)

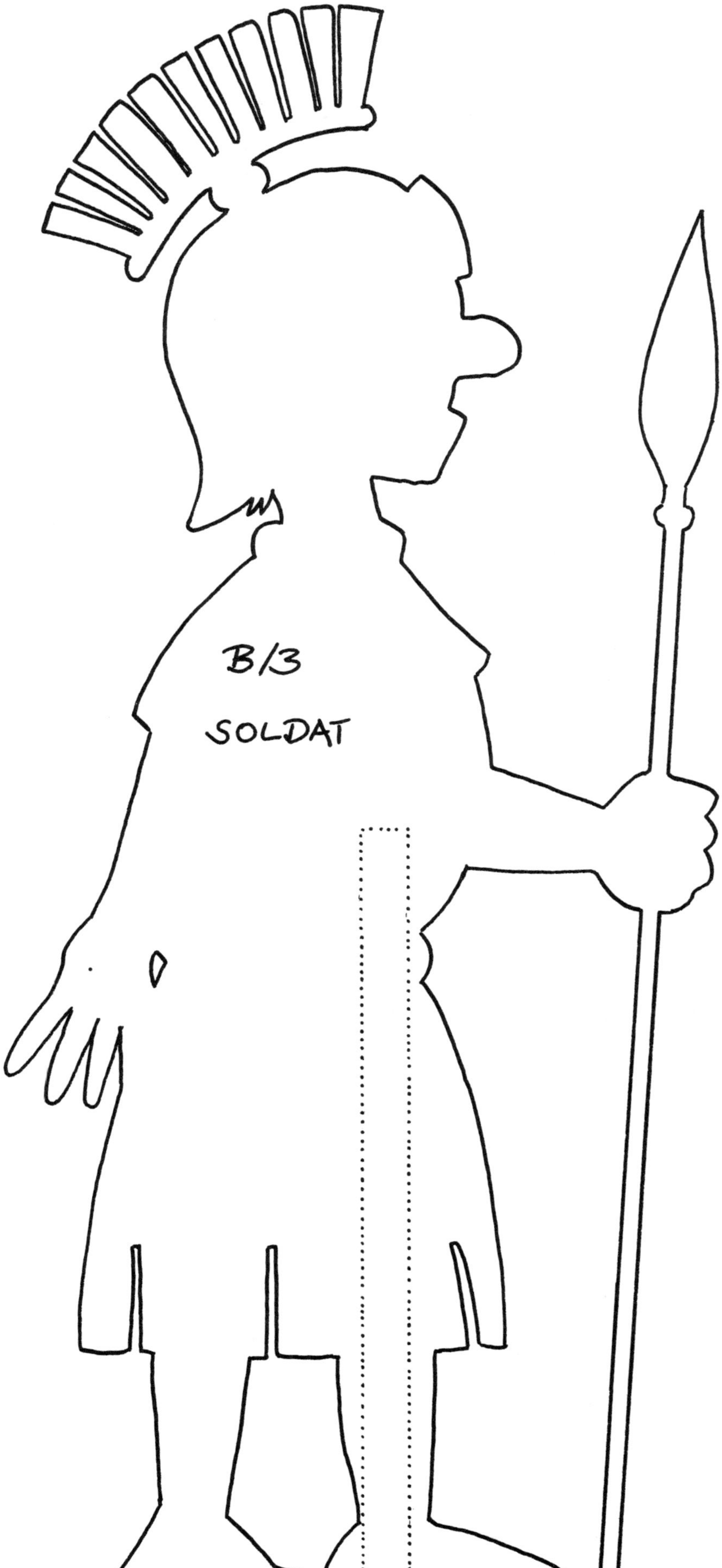
B/3
SOLDAT

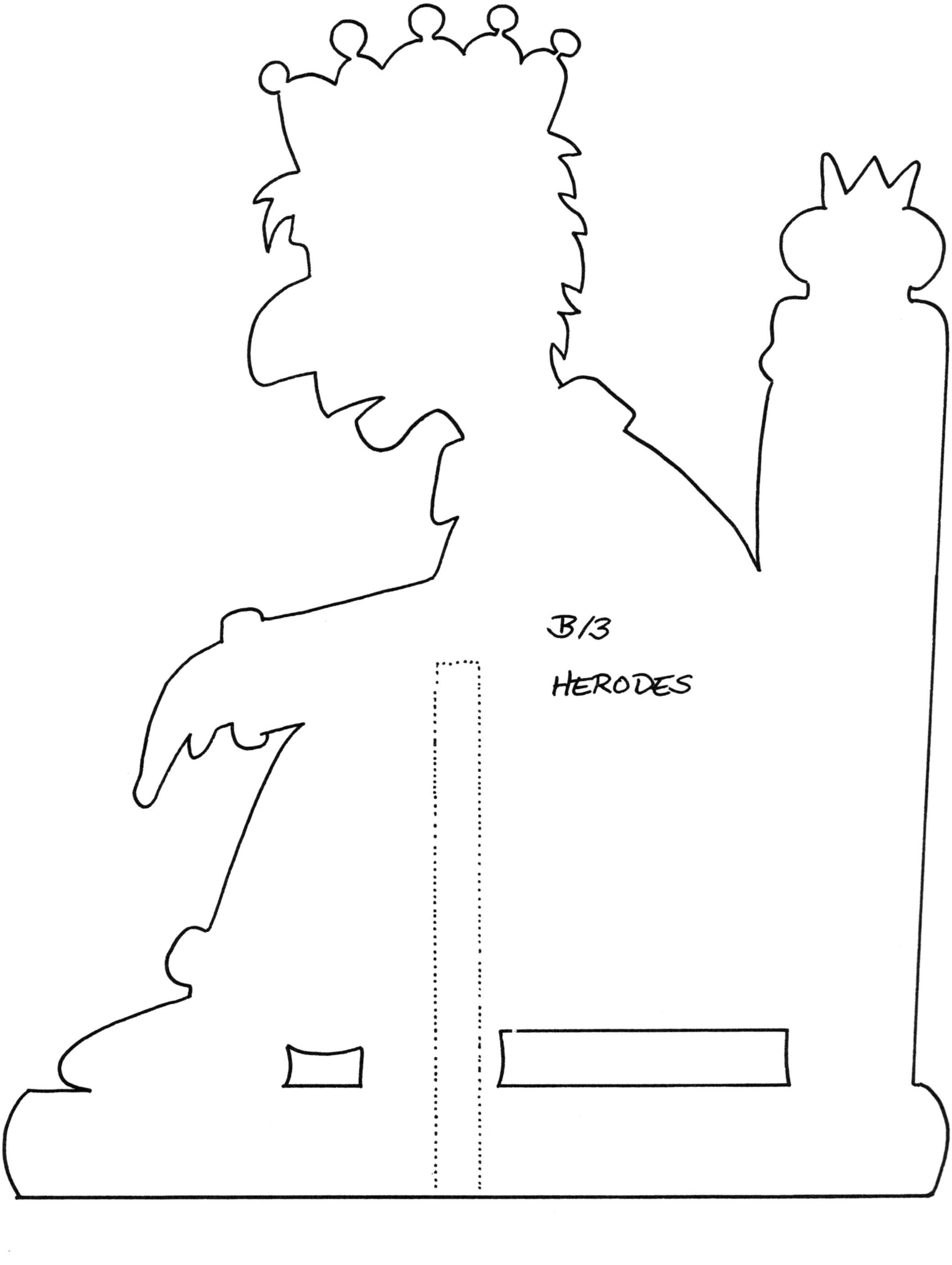
B/3
HERODES

B/3
1. STERNDEUTER
(MELCHIOR)

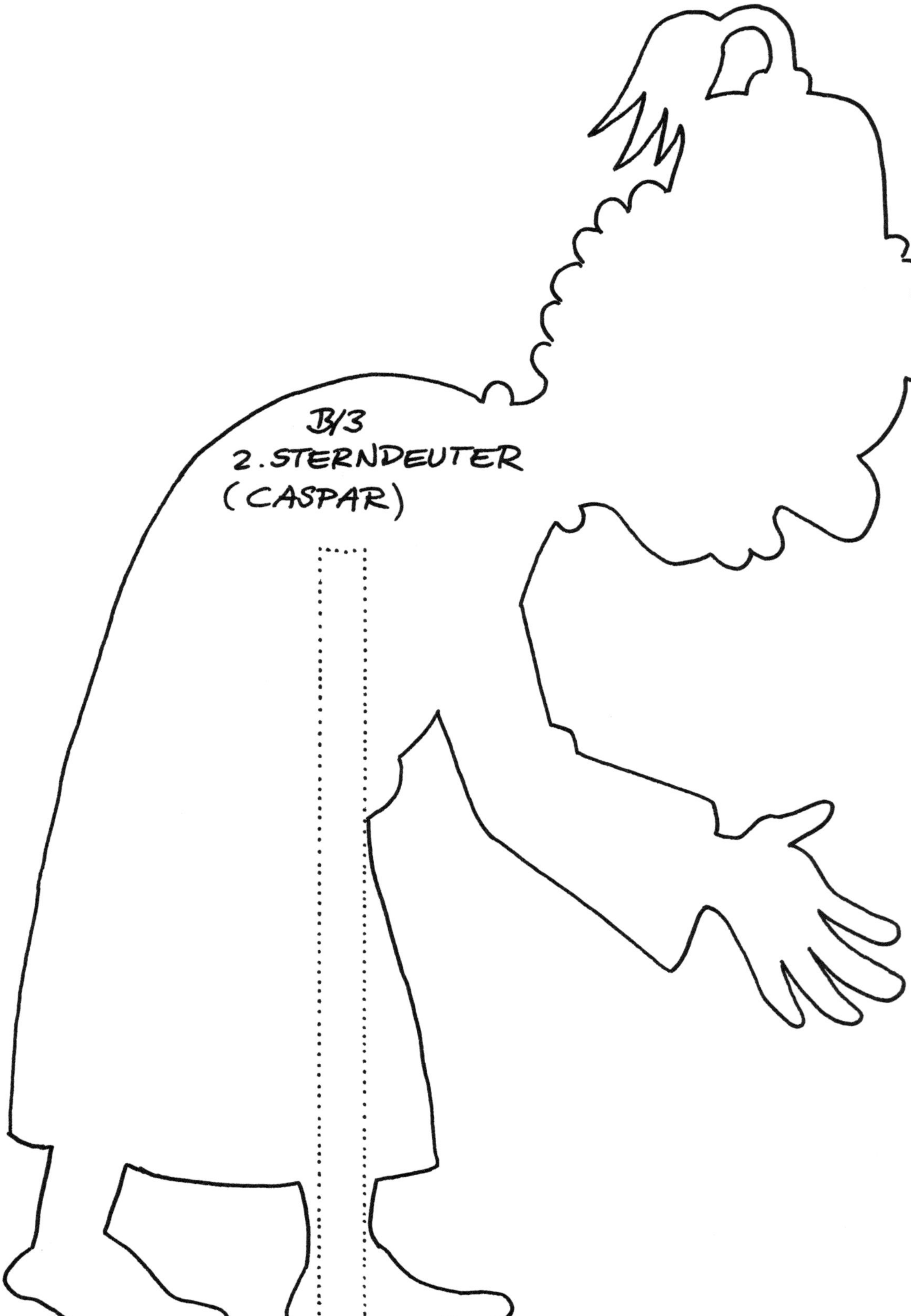
B/3
2. STERNDEUTER
(CASPAR)

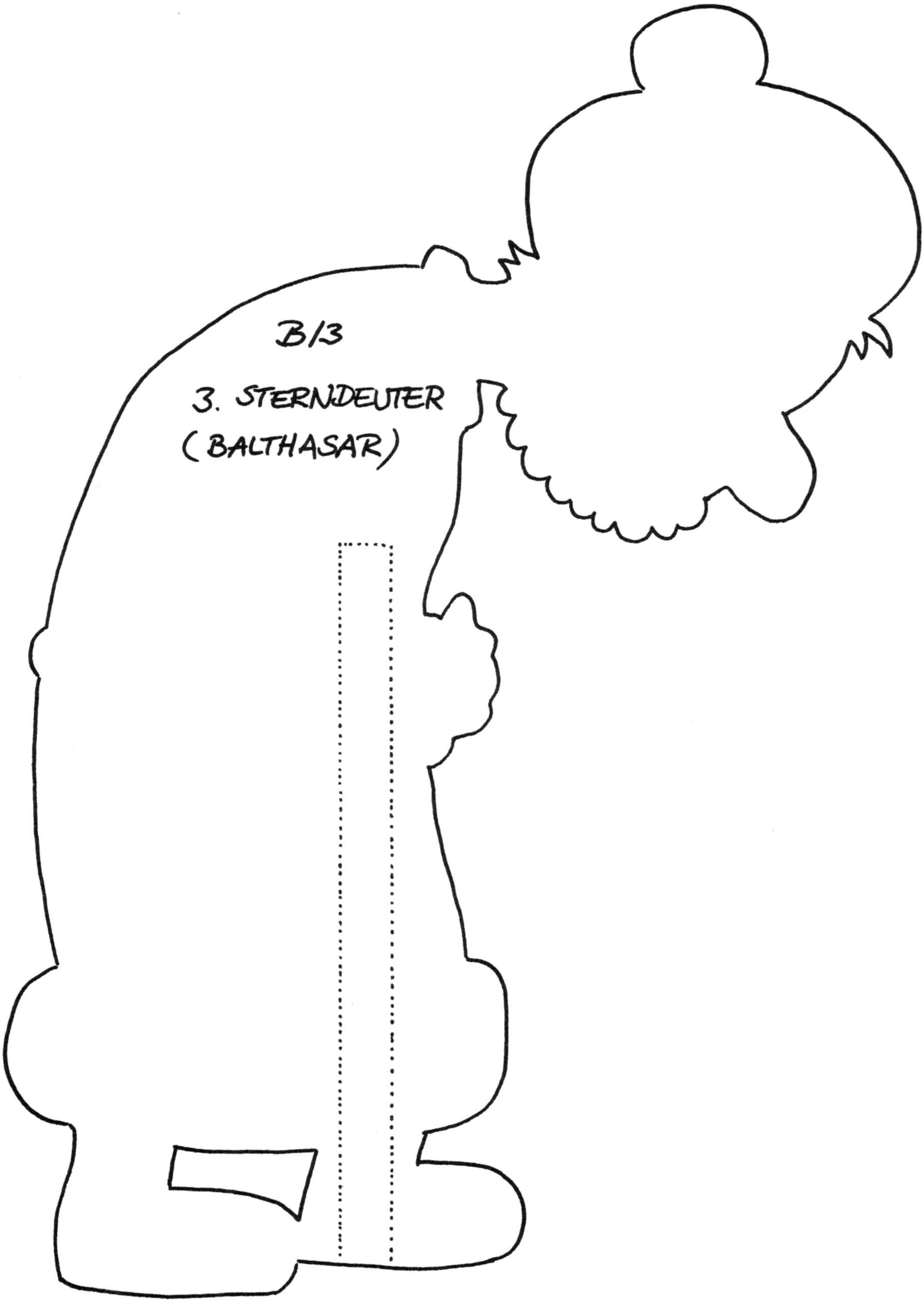
B/3
3. STERNDEUTER
(BALTHASAR)

B/3
SOLDATEN

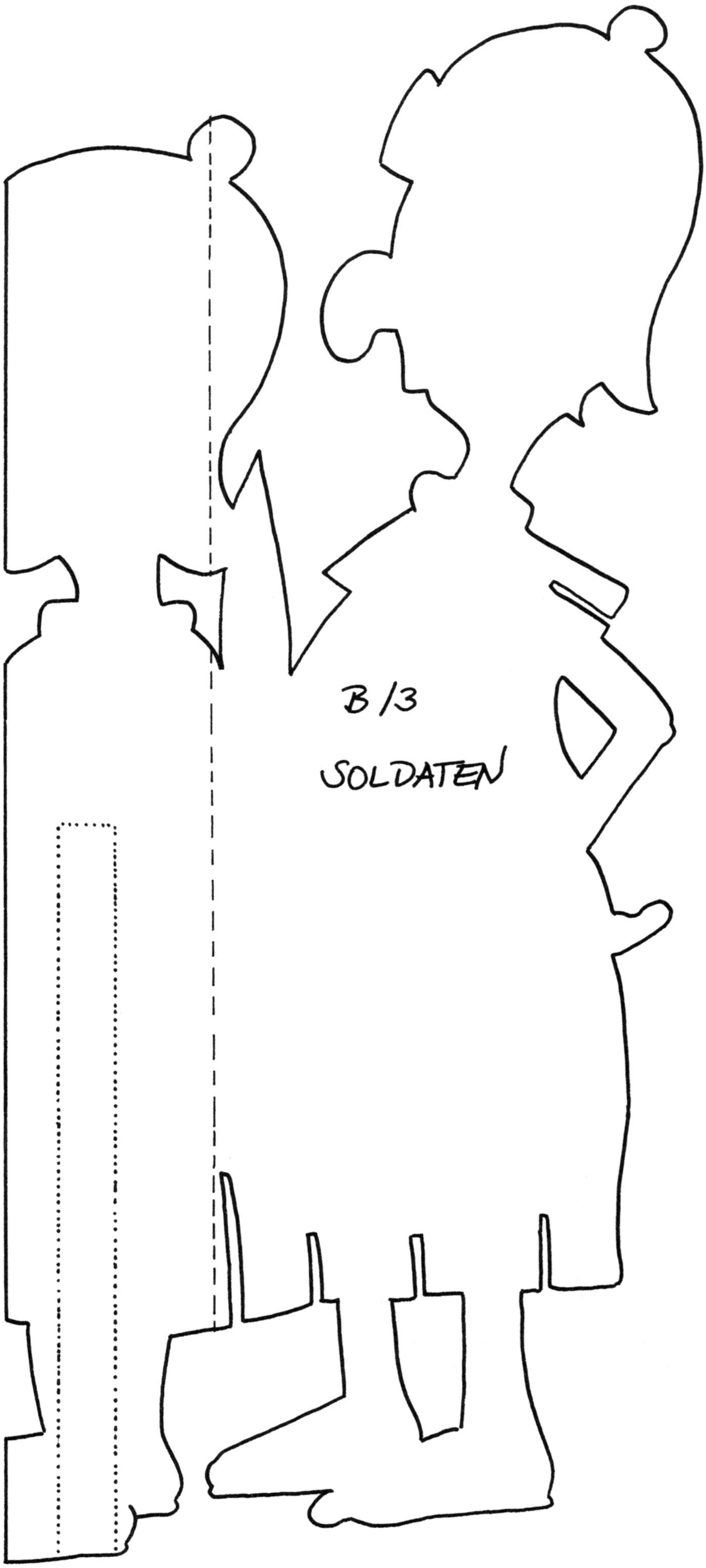
B/3
SOLDATEN

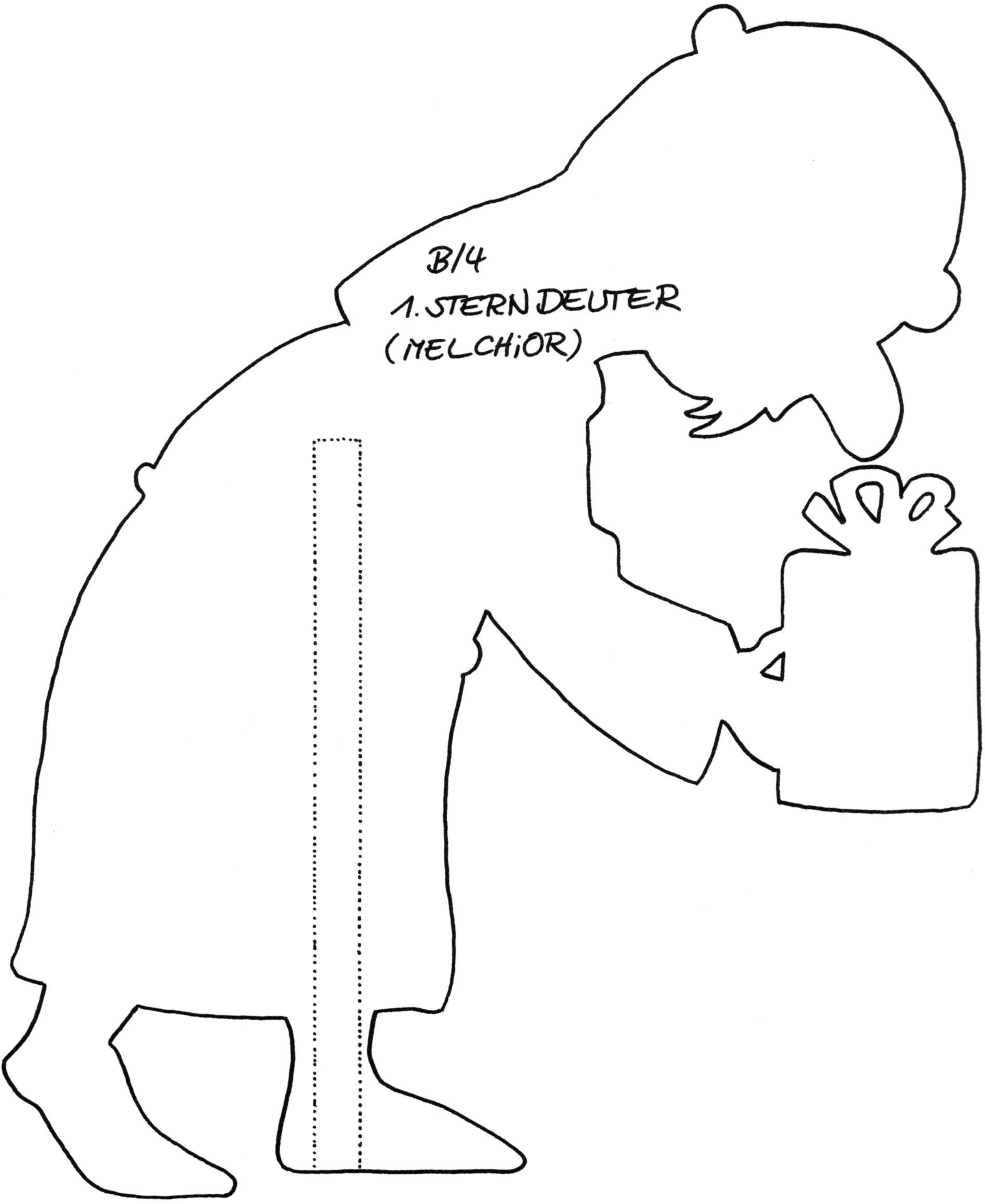
B/4
1. STERNDEUTER
(MELCHIOR)

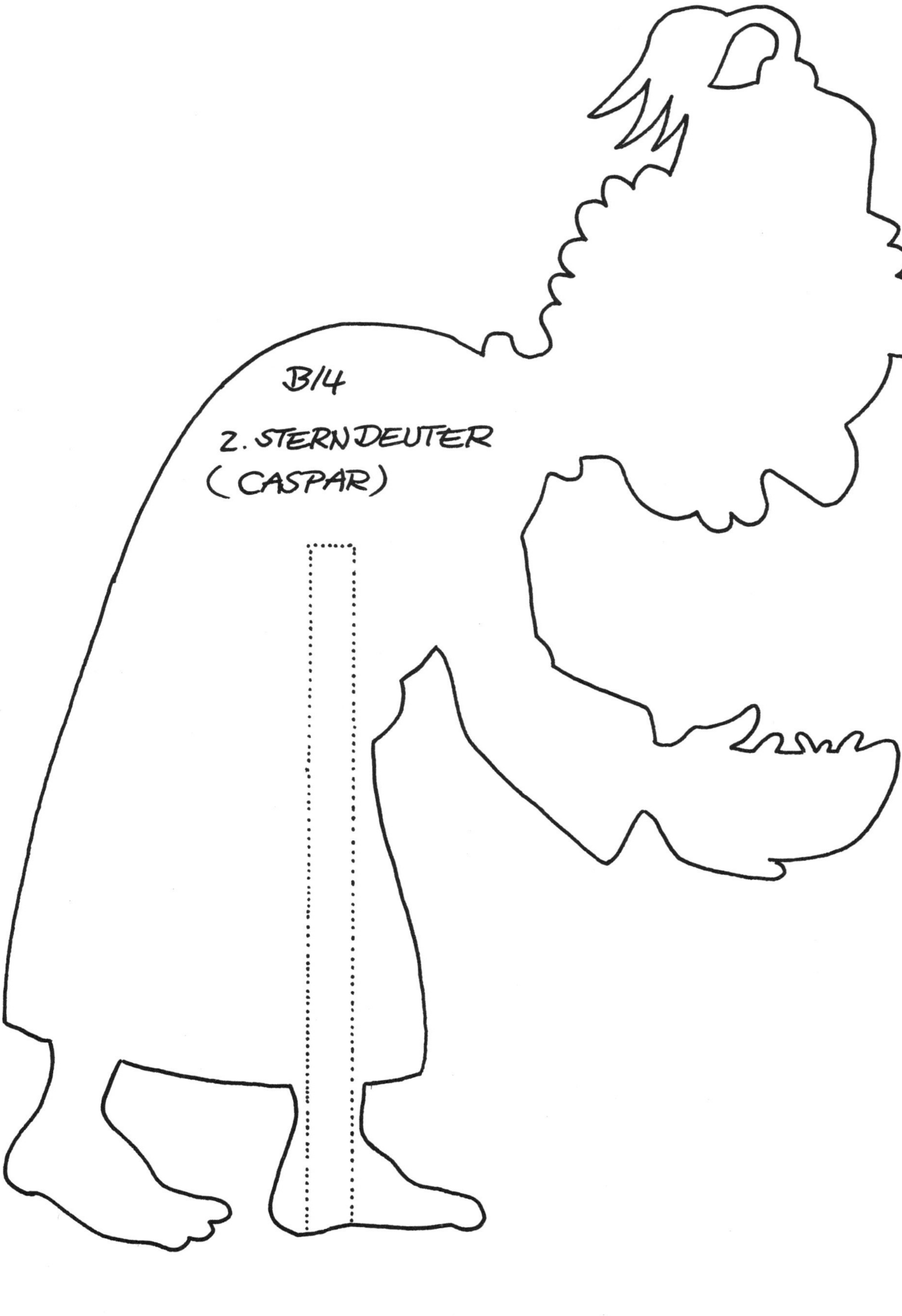
B/4
2. STERNDEUTER
(CASPAR)

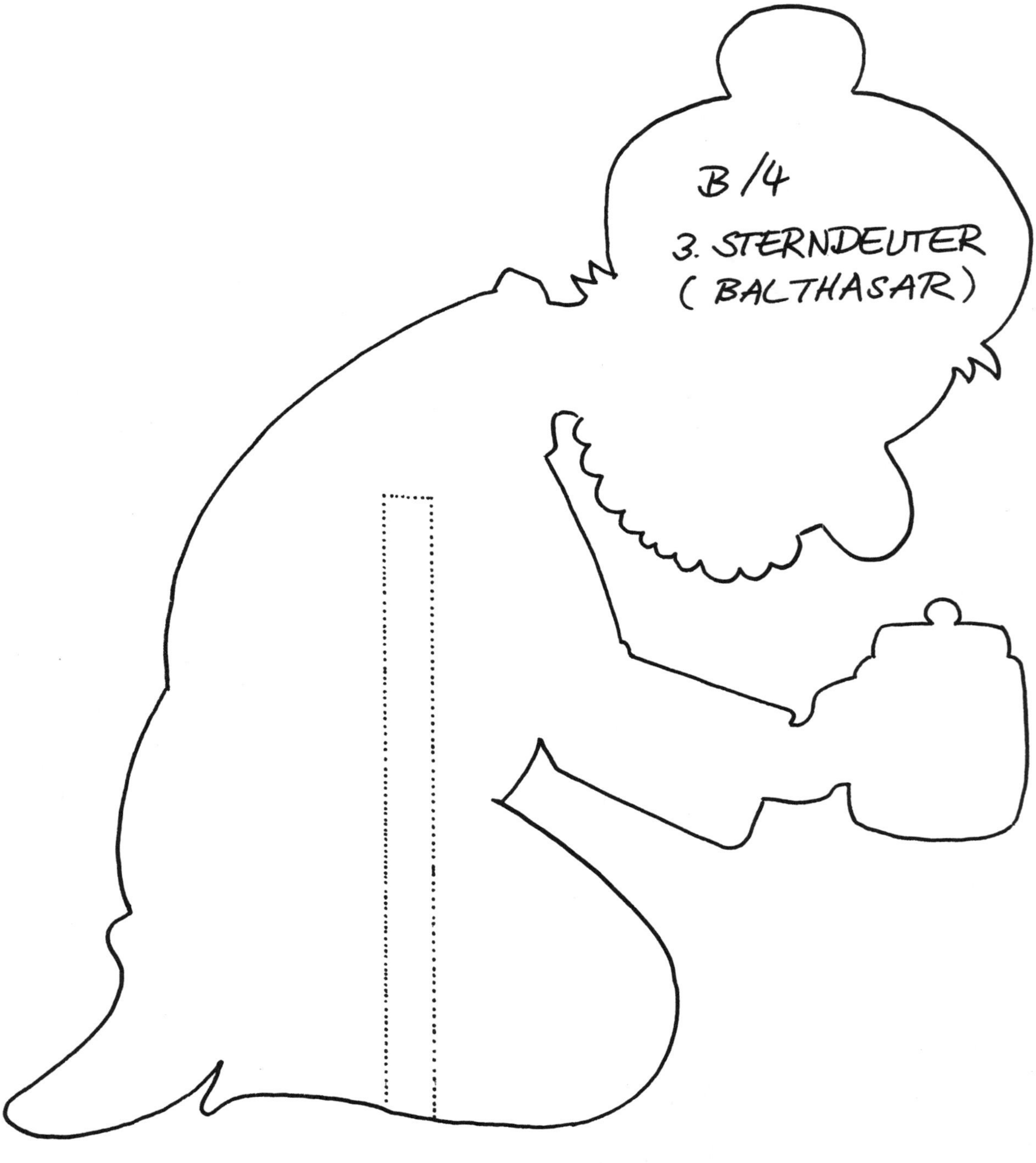
B/4
3. STERNDEUTER
(BALTHASAR)